Re

33 DÍAS EN Gracia

CAMINO PERFECTO

~ Ejercicio Espiritual ~

33 días en Gracia
Rev. P. Rafael Delgado Suriel
(P. Chelo)

Camino Perfecto

Ejercicio Espiritual

Segunda Edición
–2000 ejemplares–

Corrección:
Lic. Diómedes Ángeles

Portada
Efrén Mora

Diagramación:
Raisa D´oleo

Impresión:
Talleres Gráficos La Voz de María

IMPRESO EN LA REPÚBLICA DOMINICANA
PRINTED IN THE DOMINICAN REPUBLIC

CONTENIDO

PRESENTACIÓN
A LOS 33 DÍAS EN GRACIA

En el mundo de hoy se cuecen muchas ofertas amenazadoras, y en medio de ellas surge una típica enfermedad que en la sociedad moderna la llamamos **"dispersión mental"**. Esta tiene lugar, cuando todo un conjunto de sentimientos, presentimientos, emociones, frustraciones, proyectos de vida y agobios, caen sobre tu unidad interior, y entonces te sientes vencido, dividido, derrotado y desintegrado.

La calamidad más grande que te puede suceder como persona en la actualidad, es el no poder ser señor de ti mismo, y en lugar de sentirte con coherencia interior, estabilidad emocional, paz, etc., te sientes como un montón de pedazos de ti mismo: entusiasmos por aquí y preocupaciones por allá, quedando tu parte interior desintegrada, experimentando así lo que se llama: desasosiego e inestabilidad, lo cual pone en juego tu paz y tu libertad, de las cuales has de gozar como hijo e hija de Dios.

Son tantos los que han perdido el por qué de su existencia, que perdieron a su vez la dirección de sus vidas y por tanto la alegría; y entonces son dominados por un vacío que poco a poco los llevan a un sin sentido y a sentirse y considerarse lejos de Dios. Tal situación no les permite entender que sólo en Dios está la razón de ser de sus vidas.

Hoy más que nunca, tú como hombre necesitas envolverte en el manto de Dios por una razón fundamental: Dios no es sólo el punto de partida de tu vida, sino la fuente misma de ella. Eres hijo de la inmensidad, hijo de su amor y luz bendita de su sustancia eterna. Dios es aquella realidad totalizante, dentro de la cual estás profundamente sumergido.

Así que, para saber quién es Dios, tienes que penetrar al mar infinito de su amor y nadar con las alas de la pureza, la penitencia y la oración. Es la manera más rápida y especial con que puedes descubrir la riqueza y el manjar de un Alma en comunión con el cielo.

El mundo necesita, hoy más que nunca, de profetas de Dios, de esos que vienen del desierto de tener un trato personal con el Dios del silencio y la soledad, de tener un encuentro cara a cara con Dios. Al mismo tiempo La Iglesia necesita Profetas que vengan del desierto, que transmitan a su pueblo al Dios de lo invisible, que hagan entender que ese Dios es cercano a su pueblo, que no sólo es Palabra sino que está ahí caminando a través de esos Profetas, caminando con los necesitados, y que sean espejos vivientes de su Amor y de su Gracia.

El pueblo para creer en Dios necesita oír a Dios. Y es por ello que Dios usa sus instrumentos y los convierte en oídos y canales de Él para transmitir su mensaje. Y su mensaje va más allá de la ciencia, de un estilo, de una moda y de cualquier apariencia mundana apetecible.

Muy consciente de esta realidad patente e inquietante a la vez, el anhelo del Autor de los presentes Ejercicios es dar a conocer aquella fuerza integradora de las diferentes partes del corazón, presentar y ofrecerte la fuente eterna de la alegría que es Dios.

El objetivo de este Ejercicio de **"33 DÍAS DE GRACIA", CAMINO PERFECTO,** es conducir al ejercitante a recuperar el encanto de la vida mística y alcanzar el grado más alto de la perfección humanamente hablando. La vida espiritual crece, cuando la vives como una experiencia de Dios y del amor que tú recibes y comunicas como vivencia de la gracia y del gozo que viene de la comunión con Dios. Esta nos hace fecundos, porque eleva el corazón a la esperanza y te permite dar un testimonio de fe.

Este camino nos hace gustar de antemano de la visión beatífica, fin de nuestro caminar aquí abajo y alzar vuelo hacia donde nos espera la razón última de nuestro existir: Dios.

Por eso, te invito a que abras tu corazón y aceptes esta invitación a volar alto con las alas del espíritu, y entonces tendrás el alcance de aquellos que han saboreado ser discípulos predilectos del Señor Jesús.

Rev. Padre Brunel Dragon

NORMAS PARA VIVIR ESTOS 33 DÍAS

A) Renunciar al pecado de la vista, dejando todo lo que por los ojos pueda entrar: televisor, lectura, computadora, objetos o personas que puedan quitar la paz. Eso nos enseñará a ver con los ojos interiores del Alma y así ver la pureza del corazón de Dios.

B) Renunciar a todo pecado que pueda entrar por los oídos. No dar uso al teléfono en espacio de no necesidad, no esclavizarse a él. No conversaciones que perturben la comunión con Dios. Quitar toda música, ruido, etc., que quitan la paz. Prestar sus oídos a Dios para aprender a escuchar su dulce voz que llama y habla con tanta ternura y delicadeza.

C) Renunciar a todo lo que por el olfato quita a Dios y lleva al pecado. Oler con el olfato interior el olor suave y la fragancia que sale del humilde y pobre Jesús. Al ser puro y al estar en gracia, caminará con la fragancia de Cristo Jesús y despedirá su olor de santidad.

D) Retirar toda conversación o palabra que sean dañinas al espíritu y perturben la tranquilidad del Alma. Para mantener el Alma en quietud y en gracia, las intenciones de pensamientos de palabras y obras han de ser emitidas desde el corazón de Dios.

E) No aceptar nada que pueda llevar al pecado o venga del pecado. El Alma en gracia ha de rechazar todo lo que pueda llevar al pecado. Se ha de dar espacio al espíritu, para que nada perturbe el Alma. Quitar todas las ocasiones y los espacios que puedan manchar la intimidad con Dios.

F) El Alma en gracia ha de tener a su favor, oídos solo para escuchar la voz de Dios de cualquier espacio que venga; palabras para sólo emitir lo que habite en el corazón de Dios y que sirvan para solidificar al espíritu en comunión con Dios; miradas para expresar la solidez de un Alma en pureza. Solo así, el Alma respirará la dulzura y la ternura de la santidad y el deseo de la misma.

G) La pureza de los 33 días, te llevará, no solo a vivir en santidad, sino a permitir que los que te rodean, vivan tu santidad y queden contagiados por tu manera de estar en comunión con Jesús.

H) Estos 33 días en Gracia, te ayudarán:
• A entrar en intimidad con Dios.
• A vivir en la luz del Espíritu.

I) Te enseñarán a tener:
• Oídos finos para escuchar la voz de Dios.
• A disponer tu corazón para que en él sólo habite la presencia de Dios.
• A enamorarte de la pureza de las Almas.
• Y a caminar por los caminos que sólo pueden recorrer las Almas que viven llenas del amor que sale del más puro y perfecto amor como el de Dios y que nada ni nadie pueden separarlos de ese tan puro amor, (Rom. 8, 35).

LOS 33 DÍAS EN GRACIA

CAMINO PERFECTO

El camino a la perfección es el mismo de Jesús al calvario. Para subir, necesitas ir como Jesús, sólo con la cruz, sin nada más. El, subió con el peso de la cruz. ***"Si quieres ser perfecto, andas vende tus bienes, dáselo a los pobres y tendrás un tesoro en el cielo; después sígueme"*** (Mt. 19, 21).

El camino es pesado, difícil y proporciona cansancio, pero para descubrir ese gran tesoro, debes aprender a renunciar a todo lo que pueda obstaculizar el morir en la cruz, morir a todo lo que alimenta la carne, como lo hizo Jesús, lo que lo llevó a quedar enteramente para el Padre. Igual tú, que nada desvíe en ti, el acompañar a Jesús, y quedar nada más para Él.

Te invito a subir, pero con la cruz sobre tus hombros, sin nada que pueda ocupar tu atención, pues a Jesús, hasta la ropa le quitaron, y, además, le apartaron de sus seres queridos.

Acompañar a Jesús al calvario, es experimentar la noche oscura, la soledad mas tétrica, la angustia más terrible, el sin sabor de la incomprensión, y más aun, la traición y las burlas de los cercanos a Él.

Si quieres subir al calvario, ven conmigo, no te asustes por lo que puedas encontrar, o si la cruz es muy pesada, solo te digo, Jesús en la aridez de cada paso para subir al calvario, se sintió abandonado, burlado, sin nadie cerca de Él, pero tenía claro que estaba cumpliendo la voluntad del Padre. Así pues, déjate llevar por el material que tienes en tus manos y cumple la voluntad de Dios. "***Sean perfectos como es perfecto el Padre de ustedes que está en el cielo***" (Mt. 5,48).

Subir al calvario es acompañar a Jesús, sentir su agonía, su dolor, su terrible soledad, es sentir hambre de justicia, pero también, sentir la cercanía del Padre que te hace la invitación a hacer perfecto.

La invitación es para ti. Si te detienes, es posible que solo inicie y no podrás terminar porque el camino presenta muchas dificultades para transitarlo.

No olvides, que el camino a la perfección no es más, que negarse a uno mismo, morir cada día a los gustos personales. Solo así, podrás encontrar el tesoro escondido. ***"El reino de los cielos se parece a un tesoro escondido en un campo: lo descubre un hombre, lo vuelve a esconder y, lleno de alegría, vende todas sus posesiones para comprar aquel campo"*** (Mt. 13,44).

La aspiración de todo el que ama a Dios, es llegar a la santidad; por lo que sólo quiere vivir lleno de Dios y su sed y ansia de Dios cada vez aumenta más, como lo sentía el salmista: ***"Mi Alma está sedienta de Dios, del Dios vivo, ¿Cuándo entraré a ver el rostro de Dios?"*** (Sal. 42, 3).

Es así, que el que aspira a sintonizar con Dios, ha de vivir quitando todo lo que perturbe su relación con Él, dando gusto al Espíritu para que su Alma se mantenga en gracia, sometiendo todo lo que gusta a la carne.

El camino a la perfección es duro y difícil, nos invita a entrar por la puerta estrecha, sacrificando todo lo que da holgura y comodidad al cuerpo, a la carne (cfr. Mt. 7,13).

El amor y el aprecio a lo que da gusto al cuerpo condena y hace perder el Alma, ***"Donde está tu tesoro, ahí está tu corazón" (Mt. 6,21).***

Sólo un Alma pura y sacrificada, puede mantener una relación de intimidad con Dios y se mantiene en el espacio de las Almas que aletean en los aires de la santidad y, por lo tanto, gozar de la luz que sólo Dios sabe dar a las Almas que han despegado y vuelan a la santidad.

Los **33 días en gracia**, te llevarán a vivir una vida perfecta, pues cada día te abrirán caminos para una renuncia, para un sacrificio, para sentirte abandonado como Jesús, para momentos de oración profunda y sentir la cercanía de nuestra Madre, la Virgen María, de tu ángel de la guarda, y de tu santo de devoción.

Estos 33 días te permitirán despegar y volar alto, tomando como medio, el ambiente que te rodea.

Te permitirán subir al calvario y para eso, quiero que te imagines una escalera de 33 peldaños.

Cada día lograrás escalar uno con las más debidas normas y exigencias que te pide esta guía: eucaristías, penitencias, sacrificios, rosarios, etc.

Si de verdad quieres ser perfecto, pongo en tus manos este material. Terminado estos 33 días, ya no podrás ser igual, tu vida será otra, como también, tu relación con Jesús no será la misma.

¡¡¡Éxito!!!

PRIMER DÍA

1.ORACIÓN DE INICIO DEL DÍA

Al empezar este camino espiritual me encomiendo a las tres Divinas Personas, Padre, Hijo y Espíritu Santo, para ejercitar mi Alma en la gracia y vivir en la pureza. Que el sacrificio, penitencia y la oración, me permitan encontrar espacio en su divina majestad y su luz me envuelva para que, en estos 33 días en gracia, pueda vivir ya como un Alma santa. Amén.

2. ANGEL DE LA GUARDA

Debes conocer y familiarizarte con tu Ángel de la guarda. Este es tu protector y quien tiene la ardua tarea de cuidar de ti para llevarte al cielo. Debes invocarlo a toda hora del día para que así sientas su cercanía, y al abrir tus ojos, después de una noche larga, sentir que Él está a la cabecera de tu cama como un guardián, vigilando tus sueños y el cual estará contigo a cada paso del día.

ORACIÓN AL ANGEL DE LA GUARDA

Guardián de mi Alma, dulce defensor mío, asísteme y socórreme en mis momentos de debilidad, si es en el día, defiende mis pasos; si es en la noche, visita mi sueño. Mantén, mi Alma despierta y preparada para el encuentro con el Padre. Amén.

3. ORACIÓN DE LAS LAUDES

Es la oración propiamente litúrgica que nos propone la iglesia para cada día antes de salir de casa o de enfrentar cualquier labor de trabajo. Si no tienes el tiempo o desconoces cómo hacerlo, dedicas unos diez minutos en algún rincón de tu casa o en algún espacio conveniente, donde tu creas que puedas ponerte en comunicación con Dios. Puedes hacer o leer dos o tres salmos para ponerte en sintonía con los mandatos de la iglesia y así pasar todo un día en comunión con Dios.

4. RELACIÓN CON TU SANTO DE DEVOCIÓN

En un espacio, puede ser a mitad de la mañana o a la hora que tu elijas, tener unos minutos con tu santo de devoción, pidiendo su intersección para vivir estos 33 días en gracia. Esto te ayudará a familiarizarte con Él, y acostumbrarte a llevarlo contigo. Nunca olvides que será para ti una ayuda inseparable para tu auxilio y tus necesidades.

ORACIÓN A MI SANTO DE DEVOCIÓN

¡Oh! Bienaventurado, _______________ tú que lleno de gloria, perteneces al ejército divino y que gozas del lugar de los Santos, acudo a ti, suplicando que intercedas delante del trono de Dios, por este siervo pecador, para que me ayudes a vivir en pureza y santidad estos 33 días en gracia y mi Alma encuentre consuelo en la morada celestial. Amén.

5. UNA HORA DE ADORACIÓN

Estar a solas con Jesús te permitirá encontrar el camino para los 33 días en gracia. De igual manera, comenzarás a caminar a solas con Jesús, pues el camino que inicias no podrás transitarlo sin Él, es pesado y difícil. Necesitas del mejor guía y de la mejor compañía, pues los momentos que experimentarás, te llevarán a sentir la misma soledad de Jesús, y, por tanto, El estará ahí, para animarte, ya que elegiste estar con Él.

La oración de Adoración hace que se dispersen los malos espíritus por la relación que mantiene el Alma con las potestades divinas y por la comunión en adoración con la Santísima Virgen María, con los Ángeles, Arcángeles y todos los Santos que de día y de noche, como los cuatro vivientes y los 24 ancianos alaban al Dios Trino, Padre, Hijo y Espíritu Santo (Ap. 4, 8- 11).

Además, la Adoración a Jesús Sacramentado, aleja todo mal pensamiento, ahuyentando al enemigo y quitándole todo espacio de pertenencia en el Alma, como también, hace crear en ella, la permanencia de vigilancia "Oren para no caer en la tentación" (Lc. 22, 40).

ORACIÓN ANTES DE LA ADORACIÓN

Oh, Jesús mío, te adoro, te alabo, que mi alma en este momento de Adoración se esconda en tu presencia y mi corazón oculte y guarde tus dulces y tiernas miradas, como el secreto más hermoso que pueda recibir

en el día de hoy. Jesús mío, creo en ti, confieso tu existencia real a través de la Eucaristía. Dame ojos para mirarte, oídos para escucharte, palabras para alabarte y un corazón para amarte. Toma lo poco que soy y lo que quiero ser, haz que sea yo en ti y tú en mí Amén.

6. SACRAMENTO DE LA RECONCILIACIÓN

Necesitas una buena confesión. Debes iniciar pidiendo la gracia del sacramento para adquirir fuerza, porque el camino es largo, y en momentos solo te acompañará la gracia de Dios.

Debes de tomar una buena confesión con un buen examen de conciencia, para que no quede pecado sin confesar y así el alma quede limpia y dispuesta para recibir en gracia los 33 días. La confesión purifica el alma y fortalece el espíritu, por ella los malos espíritus, además de salir del alma en pureza, no encuentran puerta por dónde entrar. Una buena confesión, son como las alas que permiten, que el alma eleve vuelo hacia el cielo. Así, el alma permanece en vigilia para no caer en tentación, cumpliendo el mandato de Jesús a la mujer adultera ***"Anda y en adelante no peques más"*** (Jn. 8, 11).

ORACIÓN ANTES DE LA CONFESIÓN

Dios mío, heme aquí con el ánimo de recibir el sacramento de La Penitencia. Bajo tu mirada voy a examinar mi conciencia. Dame tu luz para ver mis pecados y tu gracia para que me acerque con toda confianza al

sacerdote que está aquí como tu representante. Ayúdame a conocer bien mis pecados y a encontrar en lo posible la causa del mismo. Haz que los deteste sinceramente y por la gracia de la Bienaventurada Virgen María, concédeme ser sincera(o) en mi confesión y renacer a la gracia de una manera más generosa y entusiasta. Amén.

7. SANTO ROSARIO

Debes mantener una relación cercana y de comunión con la Santísima Trinidad, con el cielo y con la Santísima Virgen María, a través del Santo Rosario.

Rezar el Rosario es entrar al gran misterio insondable de Dios, y penetrar al misterio de comunión de la Madre con el Hijo. También al rezarlo participamos de ese misterio de comunión.

- ✓ Hacer el Rosario diario, pidiendo colaboración y la cercanía de la Santísima Virgen María.
- ✓ La Virgen María nunca ha de faltar cuando acudimos a su hijo.
- ✓ Ella facilita el encuentro porque siempre está atenta a las súplicas y a las necesidades de los hijos por ser madre (cfr. Jn. 2, 1 - 11)
- ✓ Rezar el Rosario es abrirnos a la sencillez y pequeñez de la Virgen María.

- ✓ El Rosario nos muestra la pequeñez de los grandes y la grandeza de los pequeños.

ORACIÓN PARA EL SANTO ROSARIO

Mi dulcísima Madre del cielo. ¡Oh mi divina majestad! envíame tu luz y tu Gracia para que en este momento que me dispongo a rezar el santo Rosario, sea yo en ti y tú en mí, que nada distraiga mis pensamientos para rezarlo con devoción y asumir en gracia los misterios del mismo. Madre Santísima, socórreme y dame tu auxilio quitándome todo lo que me puede apartar de ti. Amén.

8. EUCARISTÍA DIARIA

Se ha de tomar la Eucaristía todos los días para no dar paso al enemigo. Ésta permitirá que el Alma se fortalezca por ser el alimento espiritual que sólo saben comer aquellos que quieren ***"Reconocer al Maestro al partir el pan"***. (Lc. 24, 30 - 31).

- ✓ En la Eucaristía, el Señor nos hace una invitación a la vida eterna ***"Quien coma de este pan, vivirá para siempre"*** (Jn. 6, 58).

- ✓ La Eucaristía nos muestra el acto de caridad más perfecto de Jesús y al comer su cuerpo, somos asumidos de ser nada para entrar al todo y es entonces que nos convertimos en acto de caridad fácil de digerir por los demás.

- ✓ El Alma Eucarística se hace alimento para los demás, lo que hace no poner condiciones para gastarse y negarse a sí mismo por el prójimo.

- ✓ Participa con devoción de la Eucaristía. Debes llegar con suficiente tiempo para prepararla y así facilitar el verdadero encuentro con Jesús. Tu alma debe estar en profundo silencio para acomodar el espíritu y esperar al Maestro que quiere unirse a una amena conversación contigo.

ORACIÓN ANTES DE TOMAR LA EUCARISTÍA

¡Oh divina Majestad! Vengo con el Alma vacía y necesitada, con hambre de ti, deseando ser llenado y alimentado con tu cuerpo y tu sangre. Nada soy y nada tengo. Tú eres todo y todo está en ti. ¡Oh grata presencia! Tú que estás en todo, ven llena esta pobre creatura de ese infinito amor que brota de ti. Amén.

9. ROSARIO DE LA MISERICORDIA 3:00 PM

Rezar el Rosario de la Misericordia a las tres de la mañana, así como también a las tres de la tarde: para quitarle comodidad al cuerpo y percibir la hora dura de Jesús en el Getsemaní (Lc. 22, 39).

Esto ayuda a unirse al momento oscuro de Jesús cuando iba a aceptar el trago amargo de la Cruz.

El Rosario de la Misericordia nos habilita de gracia

para la lucha contra el adversario, dando quietud al Alma en los momentos de pruebas y de oscuridad, Dios envía a sus Ángeles a guardarnos y a protegernos.

Además, nos conecta a la noche oscura de Jesús en agonía. Al hacerlo con devoción y entrega, sentirás la fortaleza del espíritu, y a la vez, te llevará a padecer desde la cruz, los dolores de Jesús. Te llegarán abundantes tentaciones, pero sobreabundará la presencia de Cristo en tu vida.

ORACIÓN DE LA MISERICORDIA

Señor mío, que por las llagas de tu pasión redimiste la humanidad caída, concédeme, por la gracia del Rosario de la Misericordia, encontrar la paz de mi Alma y encomendar mi espíritu a tu puro corazón. Amén.

10. REZAR LA VÍSPERA (SI SABES COMO REZARLA) O EN SU DEFECTO MEDITAR UN SALMO CON EL MAGNÍFICAT.

La oración de la víspera te lleva a unirte con la iglesia y te prepara para finalizar el día. Es como dejar las cargas de toda una jornada a los pies de Jesús, quien viene a fortalecer tu alma fatigada. Terminar este momento de oración con el magníficat.

CÁNTICO DE LA SANTÍSIMA VIRGEN MARÍA (Alegría del Alma en el Señor)

Proclama mi Alma la grandeza del Señor,
se alegra mi espíritu en Dios mi salvador;
porque ha mirado la humillación de su esclava.

Desde ahora me felicitarán todas las generaciones, porque
el poderoso ha hecho obras grandes por mí:
su nombre es Santo y su misericordia
llega a sus fieles de generación en generación.

Él hace proezas con su brazo:
dispersa a los soberbios de corazón,
derriba del trono a los poderosos
y enaltece a los humildes,
a los hambrientos los colma de bienes
y a los ricos despide vacíos.

Auxilia a Israel, su siervo,
acordándose de su misericordia
como lo había prometido a nuestros padres
– en favor de Abraham y su descendencia
por siempre. Gloria al… Amén. (Lc. 2, 46-55).

11. COMPLETAS

Ya para dormir, sacar un espacio para la completas. Ya concluye la jornada de todo el día, tu alma esta agitada y por tu mente, muchas cosas habrán pasado. Este momento debes vivirlo con profundidad, con mucho silencio interior, para que tu alma pueda encontrar en tu cuerpo, un aliado y juntos contemplar el cielo como morada eterna, así tu descanso será en el espíritu.

En este espacio de oración, harás una evaluación del día, pedirás perdón a Dios por las veces que fallaste a su voluntad y por las veces que cometiste el pecado. Debes detenerte y mirar tu alma, pues vas a dormir y no puedes irte a tu cama, sin antes pedir el auxilio de tu ángel de la guarda y tu santo de devoción. Ellos velarán tus sueños. Si te llegara la muerte en el lapso de tiempo que duermes, tu alma encontrara el consuelo de tu ángel de la guarda y de tu santo de devoción, para el encuentro con Cristo y nuestra Madre, La Virgen María, quienes, en el juicio particular te recibirán con el gozo de saber, que te ibas preparando para ese encuentro por tu gran deseo de llegar al cielo.

Después de un buen examen de conciencia y pedir perdón a Dios, rezar las completas (si sabes rezarla) o en su defecto rezar un salmo y luego concluir con el CÁNTICO de Simeón.

CÁNTICO DE SIMEÓN

Ahora Señor, según tus promesas, puedes dejar a tu siervo irse en paz, porque mis ojos han visto tu salvador, a quien ha presentado ante todos los pueblos: luz para alumbrar a las naciones y gloria de tu pueblo Israel. (Lc 2, 29-32).

12. ROSARIO DE LA MISERICORDIA 3:00 AM

Es la hora de la decisión de Jesús, y si de verdad le amas, debes estar con Él, acompañarle, hacerle sentir que no está solo, sino que le acompañas en esa profunda soledad.

Es la hora en la que Jesús se siente abandonado, todos duermen y El solo, en aquel calabozo, semidesnudo, su cuerpo ensangrentado, maltratado por los azotes y el frío congelando sus huesos sin tener a alguien que se consuele de Él, sintiendo el terrible dolor de saber, que los mismos suyos, lo han traicionado.

Te toca a ti estar con Él, consolarlo en su profunda soledad. Levántate de tu cama, cada madrugada fría y sentirás a Jesús también consolándote y hablándote al corazón.

Esta oración la harás cada día a las tres de la mañana, uniéndote a todos los que quieren consolar a Jesús como tú.

ORACIÓN A LA DIVINA MISERICORDIA a las 3:00AM

Señor mío, permíteme ser canal de gracia, aparta de mí todo lo que me pueda separar de ti. Limpia mis pensamientos de todo lo que pueda perturbar mi corazón. Dame ojos sanos para evitar lo que no venga de ti, oídos finos para captar y oír sólo lo que alimenta mi espíritu, palabras dulces y puras, que me eleven a tu presencia. Que todo lo que piense, oiga, vea y hable, disponga mi Alma para morar en tu amor. Amén.

NOTA: Pensarás que son muchas cosas para un solo día, pero para que tu Alma pueda unirse con Dios, debes aprender a dominar el tiempo.

Sólo te pido que trates de cumplir al pie de la letra todo lo señalado, y a los 33 días, tu Alma estará llena de Dios, y podrás estar preparado(a) para ya vivir sólo en gracia de Dios y puedas sentir que vuelas en el Espíritu, y, además, sentirás con facilidad la presencia divina en ti.

SEGUNDO DÍA

1. ORACIÓN DE INICIO DEL DÍA

Me encomiendo a las tres divinas personas, Padre, Hijo y Espíritu Santo, para ejercitar mi Alma en la gracia y vivir en la pureza. Que el sacrificio, penitencia y la oración, me permitan encontrar espacio en su divina majestad y su luz me envuelva para que, en estos 33 días en gracia, pueda vivir ya con un Alma santa. Amén.

2. ORACIÓN AL ANGEL DE LA GUARDA

Guardián de mi Alma, dulce defensor mío, asísteme y socórreme en mis momentos de debilidad, si es en el día, defiende mis pasos; si es en la noche, visita mi sueño. Mantén, mi Alma despierta y preparada para el encuentro con el Padre. Amén.

3. ORACIÓN DE LAS LAUDES

4. EN EL DÍA DE HOY HARÉ UN AYUNO

✓ Ayunar cada cuatro días la semana para castigar la carne.

✓ El ayuno quita soltura a la carne, desautoriza la gula e intranquiliza al enemigo, moviliza al Espíritu a sentir hambre de Dios.

✓ El Espíritu llevó a Jesús al desierto para ser tentado, pero después de cuarenta días de ayuno y oración (Lc. 4, 1…).

✓ El ayuno da quietud al Alma y sensibiliza al Espíritu, fortalece la oración y nos conecta con Dios. Es preferible hacer el ayuno todo el día a pan y agua.

ORACIÓN PARA EL AYUNO

Toma Señor mis debilidades, mi incapacidad de amar y servir. Mira mis caídas y mis lamentos. Ven fortalece mi Alma y mi espíritu. Endurece mis caminos y purifica mi corazón. Señor que por este ayuno mi Alma se mantenga en vigilia y dispuesta a vivir los misterios de la cruz. Amén.

5. UNA HORA DE ADORACIÓN

ORACIÓN ANTES DE LA ADORACIÓN

Oh, Jesús mío, te adoro, te alabo, que mi alma en este momento de Adoración se esconda en tu presencia y mi corazón oculte y guarde tus dulces y tiernas miradas, como el secreto más hermoso que pueda recibir en el día de hoy. Jesús mío, creo en ti, confieso tu existencia real a través de la Eucaristía. Dame ojos para mirarte, oídos para escucharte, palabras para alabarte y un corazón para amarte. Toma lo poco que soy y lo que quiero ser, haz que sea yo en ti y tú en mí. Amén

6. SANTO ROSARIO

ORACIÓN PARA EL SANTO ROSARIO

Mi dulcísima Madre del cielo. ¡Oh mi divina majestad! envíame tu luz y tu Gracia para que en este momento que me dispongo a rezar el santo Rosario, sea yo en ti y tú en mí, que nada distraiga mis pensamientos para rezarlo con devoción y asumir en gracia los misterios del mismo. Madre Santísima, socórreme y dame tu auxilio quitándome todo lo que me puede apartar de ti. Amén.

7. EUCARISTÍA DIARIA

ORACIÓN ANTES DE TOMAR LA EUCARISTÍA

¡Oh divina Majestad! Vengo con el Alma vacía y necesitada, con hambre de ti, deseando ser llenado y alimentado con tu cuerpo y tu sangre. Nada soy y nada tengo. Tú eres todo y todo está en ti. ¡Oh grata presencia! Tú que estás en todo, ven llena esta pobre creatura de ese infinito amor que brota de ti. Amén.

8. ROSARIO DE LA MISERICORDIA 3:00 PM

ORACIÓN DE LA MISERICORDIA

Señor mío, que por las llagas de tu pasión redimiste la humanidad caída, concédeme, por la gracia del Rosario de la Misericordia, encontrar la paz de mi Alma y encomendar mi espíritu a tu puro corazón. Amén.

9. REZAR LA VÍSPERA (SI SABES COMO REZARLA) O EN SU DEFECTO MEDITAR UN SALMO CON EL MAGNÍFICAT.

CÁNTICO DE LA SANTÍSIMA VIRGEN MARÍA (Alegría del Alma en el Señor)

Proclama mi Alma la grandeza del Señor,
se alegra mi espíritu en Dios mi salvador;
porque ha mirado la humillación de su esclava.

Desde ahora me felicitarán todas las generaciones, porque
el poderoso ha hecho obras grandes por mí:
su nombre es Santo y su misericordia
llega a sus fieles de generación en generación.

Él hace proezas con su brazo:
dispersa a los soberbios de corazón,
derriba del trono a los poderosos
y enaltece a los humildes,
a los hambrientos los colma de bienes
y a los ricos despide vacíos.

Auxilia a Israel, su siervo,
acordándose de su misericordia
como lo había prometido a nuestros padres
– en favor de Abraham y su descendencia
por siempre. Gloria al… Amén. (Lc. 2, 46-55).

10. COMPLETAS

Después de un buen examen de conciencia y pedir perdón a Dios, rezar las completas (si sabes rezarla) o en su defecto rezar un salmo y luego concluir con el CÁNTICO de Simeón.

CÁNTICO DE SIMEÓN

Ahora Señor, según tus promesas, puedes dejar a tu siervo irse en paz, porque mis ojos han visto tu salvador, a quien ha presentado ante todos los pueblos: luz para alumbrar a las naciones y gloria de tu pueblo Israel. (Lc 2, 29-32).

11. ROSARIO DE LA MISERICORDIA 3:00 AM

ORACIÓN A LA DIVINA MISERICORDIA a las 3:00AM

Señor mío, permíteme ser canal de gracia, aparta de mí todo lo que me pueda separar de ti. Limpia mis pensamientos de todo lo que pueda perturbar mi corazón. Dame ojos sanos para evitar lo que no venga de ti, oídos finos para captar y oír sólo lo que alimenta mi espíritu, palabras dulces y puras, que me eleven a tu presencia. Que todo lo que piense, oiga, vea y hable, disponga mi Alma para morar en tu amor. Amén.

TERCER DÍA

1. ORACIÓN DE INICIO DEL DÍA

Me encomiendo a las tres divinas personas, Padre, Hijo y Espíritu Santo, para ejercitar mi Alma en la gracia y vivir en la pureza. Que el sacrificio, penitencia y la oración, me permitan encontrar espacio en su divina majestad y su luz me envuelva para que, en estos 33 días en gracia, pueda vivir ya con un Alma santa. Amén.

2. ORACIÓN AL ANGEL DE LA GUARDA

Guardián de mi Alma, dulce defensor mío, asísteme y socórreme en mis momentos de debilidad, si es en el día, defiende mis pasos; si es en la noche, visita mi sueño. Mantén, mi Alma despierta y preparada para el encuentro con el Padre. Amén.

3. ORACIÓN DE LAS LAUDES

4. ACTO DE CARIDAD

✓ Hacer un acto de caridad diario, si fuera posible, mejor aún, después de tomar la Santa Comunión.

✓ El acto de caridad nos asemeja a Jesús. Toda su vida fue un estar con los más necesitados: viudas, enfermos, niños, etc. (Mc. 6, 55 - 56; Lc. 7, 11 - 17; Mt. 19, 13 - 15).

✓ El amor al prójimo se manifiesta por la caridad y por este amor, manifestamos el amor a Dios.

✓ La caridad nos hace entender los mandamientos: primero, amar a Dios con todo el corazón, con toda nuestra Alma y con todas nuestras fuerzas; el segundo, es amemos al prójimo como a nosotros mismos (Mt. 22, 39).

✓ El acto de caridad prepara tu corazón para la generosidad, haciendo de ti una persona desprendida y dócil. Cuando reconoces la necesidad de tu prójimo, tu alma se posa en el corazón de Dios, ocupando ya, lo que el Señor te tiene preparado. La caridad expía tus pecados y te hace sintonizar con el cielo, pero también, te consigue la gracia de la virtud de la humildad, dándote a entender que lo que Dios te ha dado gratis, debes darlo gratis y dejar que los otros disfruten de los bienes que Dios ha puesto en tus manos.

5. UNA HORA DE ADORACIÓN

ORACIÓN ANTES DE LA ADORACIÓN

Oh, Jesús mío, te adoro, te alabo, que mi alma en este momento de Adoración se esconda en tu presencia y mi corazón oculte y guarde tus dulces y tiernas miradas, como el secreto más hermoso que pueda recibir en el día de hoy. Jesús mío, creo en ti, confieso tu existencia real a través de la Eucaristía. Dame ojos para mirarte, oídos para escucharte, palabras para alabarte y un corazón para amarte. Toma lo poco que soy y lo que quiero ser, haz que sea yo en ti y tú en mí. Amén

6. SANTO ROSARIO

ORACIÓN PARA EL SANTO ROSARIO

Mi dulcísima Madre del cielo. ¡Oh mi divina majestad! envíame tu luz y tu Gracia para que en este momento que me dispongo a rezar el santo Rosario, sea yo en ti y tú en mí, que nada distraiga mis pensamientos para rezarlo con devoción y asumir en gracia los misterios del mismo. Madre Santísima, socórreme y dame tu auxilio quitándome todo lo que me puede apartar de ti. Amén.

7. EUCARISTÍA DIARIA

ORACIÓN ANTES DE TOMAR LA EUCARISTÍA

¡Oh divina Majestad! Vengo con el Alma vacía y necesitada, con hambre de ti, deseando ser llenado y alimentado con tu cuerpo y tu sangre. Nada soy y nada tengo. Tú eres todo y todo está en ti. ¡Oh grata presencia! Tú que estás en todo, ven llena esta pobre creatura de ese infinito amor que brota de ti. Amén.

8. ROSARIO DE LA MISERICORDIA 3:00 PM

ORACIÓN DE LA MISERICORDIA

Señor mío, que por las llagas de tu pasión redimiste la humanidad caída, concédeme, por la gracia del Rosario de la Misericordia, encontrar la paz de mi Alma y encomendar mi espíritu a tu puro corazón. Amén.

9. REZAR LA VÍSPERA (SI SABES COMO REZARLA) O EN SU DEFECTO MEDITAR UN SALMO CON EL MAGNÍFICAT.

CÁNTICO DE LA SANTÍSIMA VIRGEN MARÍA (Alegría del Alma en el Señor)

Proclama mi Alma la grandeza del Señor,
se alegra mi espíritu en Dios mi salvador;
porque ha mirado la humillación de su esclava.

Desde ahora me felicitarán todas las generaciones, porque
el poderoso ha hecho obras grandes por mí:
su nombre es Santo y su misericordia
llega a sus fieles de generación en generación.

Él hace proezas con su brazo:
dispersa a los soberbios de corazón,
derriba del trono a los poderosos
y enaltece a los humildes,
a los hambrientos los colma de bienes
y a los ricos despide vacíos.

Auxilia a Israel, su siervo,
acordándose de su misericordia
como lo había prometido a nuestros padres
– en favor de Abraham y su descendencia
por siempre. Gloria al… Amén. (Lc. 2, 46-55).

10. COMPLETAS

Después de un buen examen de conciencia y pedir perdón a Dios, rezar las completas (si sabes rezarla) o en su defecto rezar un salmo y luego concluir con el CÁNTICO de Simeón.

CÁNTICO DE SIMEÓN

Ahora Señor, según tus promesas, puedes dejar a tu siervo irse en paz, porque mis ojos han visto tu salvador, a quien ha presentado ante todos los pueblos: luz para alumbrar a las naciones y gloria de tu pueblo Israel. (Lc 2, 29-32).

11. ROSARIO DE LA MISERICORDIA 3:00 AM

ORACIÓN A LA DIVINA MISERICORDIA a las 3:00AM

Señor mío, permíteme ser canal de gracia, aparta de mí todo lo que me pueda separar de ti. Limpia mis pensamientos de todo lo que pueda perturbar mi corazón. Dame ojos sanos para evitar lo que no venga de ti, oídos finos para captar y oír sólo lo que alimenta mi espíritu, palabras dulces y puras, que me eleven a tu presencia. Que todo lo que piense, oiga, vea y hable, disponga mi Alma para morar en tu amor. Amén.

CUARTO DÍA

1. ORACIÓN DE INICIO DEL DÍA

Me encomiendo a las tres divinas personas, Padre, Hijo y Espíritu Santo, para ejercitar mi Alma en la gracia y vivir en la pureza. Que el sacrificio, penitencia y la oración, me permitan encontrar espacio en su divina majestad y su luz me envuelva para que, en estos 33 días en gracia, pueda vivir ya con un Alma santa. Amén.

2. ORACIÓN AL ANGEL DE LA GUARDA

Guardián de mi Alma, dulce defensor mío, asísteme y socórreme en mis momentos de debilidad, si es en el día, defiende mis pasos; si es en la noche, visita mi sueño. Mantén, mi Alma despierta y preparada para el encuentro con el Padre. Amén.

3. ORACIÓN DE LAS LAUDES

4. VISITA A UN SANTUARIO MARIANO

Esta visita te ayudará a mantenerte en vinculación con María nuestra Madre a través del santuario como fuente de paz y María como dadora de gracia. Aquí has de ofrecer los 33 Días en gracia a la Virgen y tendrás el dulce propósito de pedirle a ella que no se aparte de ti. Además, has de mantener el santuario como la casa de la virgen y sentirte cobijado por su manto. Esto hará que tu alma recorra estos 33 días en el frescor de las almas que caminan inundadas por el perfume que eleva el espíritu a Dios, sintiendo la cercanía de la Madre que nos invita a vivir la pureza y ser sólo para Dios.

Este día debes vivirlo con intensidad porque debes permanecer lleno de la alegría que tuvo la Virgen María cuando visitó a su prima Santa Isabel (Lc. 1, 39).

5. UNA HORA DE ADORACIÓN

ORACIÓN ANTES DE LA ADORACIÓN

Oh, Jesús mío, te adoro, te alabo, que mi alma en este momento de Adoración se esconda en tu presencia y mi corazón oculte y guarde tus dulces y tiernas miradas, como el secreto más hermoso que pueda recibir en el día de hoy. Jesús mío, creo en ti, confieso tu existencia real a través de la Eucaristía. Dame ojos para mirarte, oídos para escucharte, palabras para alabarte y un corazón para amarte. Toma lo poco que soy y lo que quiero ser, haz que sea yo en ti y tú en mí. Amén

6. SANTO ROSARIO

ORACIÓN PARA EL SANTO ROSARIO

Mi dulcísima Madre del cielo. ¡Oh mi divina majestad! envíame tu luz y tu Gracia para que en este momento que me dispongo a rezar el santo Rosario, sea yo en ti y tú en mí, que nada distraiga mis pensa-

mientos para rezarlo con devoción y asumir en gracia los misterios del mismo. Madre Santísima, socórreme y dame tu auxilio quitándome todo lo que me puede apartar de ti. Amén.

7. EUCARISTÍA DIARIA

ORACIÓN ANTES DE TOMAR LA EUCARISTÍA

¡Oh divina Majestad! Vengo con el Alma vacía y necesitada, con hambre de ti, deseando ser llenado y alimentado con tu cuerpo y tu sangre. Nada soy y nada tengo. Tú eres todo y todo está en ti. ¡Oh grata presencia! Tú que estás en todo, ven llena esta pobre creatura de ese infinito amor que brota de ti. Amén.

8. ROSARIO DE LA MISERICORDIA 3:00 PM

ORACIÓN DE LA MISERICORDIA

Señor mío, que por las llagas de tu pasión redimiste la humanidad caída, concédeme, por la gracia del Rosario de la Misericordia, encontrar la paz de mi Alma y encomendar mi espíritu a tu puro corazón. Amén.

9. REZAR LA VÍSPERA (SI SABES COMO REZARLA) O EN SU DEFECTO MEDITAR UN SALMO CON EL MAGNÍFICAT.

CÁNTICO DE LA SANTÍSIMA VIRGEN MARÍA
(Alegría del Alma en el Señor)

Proclama mi Alma la grandeza del Señor,
se alegra mi espíritu en Dios mi salvador;
porque ha mirado la humillación de su esclava.

Desde ahora me felicitarán todas las generaciones, porque
el poderoso ha hecho obras grandes por mí:
su nombre es Santo y su misericordia
llega a sus fieles de generación en generación.

Él hace proezas con su brazo:
dispersa a los soberbios de corazón,
derriba del trono a los poderosos
y enaltece a los humildes,
a los hambrientos los colma de bienes
y a los ricos despide vacíos.

Auxilia a Israel, su siervo,
acordándose de su misericordia
como lo había prometido a nuestros padres
– en favor de Abraham y su descendencia
por siempre. Gloria al… Amén. (Lc. 2, 46-55).

10. COMPLETAS

Después de un buen examen de conciencia y pedir perdón a Dios, rezar las completas (si sabes rezarla) o en su defecto rezar un salmo y luego concluir con el CÁNTICO de Simeón.

CÁNTICO DE SIMEÓN

Ahora Señor, según tus promesas, puedes dejar a tu siervo irse en paz, porque mis ojos han visto tu salvador, a quien ha presentado ante todos los pueblos: luz para alumbrar a las naciones y gloria de tu pueblo Israel. (Lc 2, 29-32).

11. ROSARIO DE LA MISERICORDIA 3:00 AM

ORACIÓN A LA DIVINA MISERICORDIA a las 3:00AM

Señor mío, permíteme ser canal de gracia, aparta de mí todo lo que me pueda separar de ti. Limpia mis pensamientos de todo lo que pueda perturbar mi corazón. Dame ojos sanos para evitar lo que no venga de ti, oídos finos para captar y oír sólo lo que alimenta mi espíritu, palabras dulces y puras, que me eleven a tu presencia. Que todo lo que piense, oiga, vea y hable, disponga mi Alma para morar en tu amor. Amén.

QUINTO DÍA

1. ORACIÓN DE INICIO DEL DÍA

Me encomiendo a las tres divinas personas, Padre, Hijo y Espíritu Santo, para ejercitar mi Alma en la gracia y vivir en la pureza. Que el sacrificio, penitencia y la oración, me permitan encontrar espacio en su divina majestad y su luz me envuelva para que, en estos 33 días en gracia, pueda vivir ya con un Alma santa. Amén.

2. ORACIÓN AL ANGEL DE LA GUARDA

Guardián de mi Alma, dulce defensor mío, asísteme y socórreme en mis momentos de debilidad, si es en el día, defiende mis pasos; si es en la noche, visita mi sueño. Mantén, mi Alma despierta y preparada para el encuentro con el Padre. Amén.

3. ORACIÓN DE LAS LAUDES

4. PECADO DE LA VISTA (REFLEXIÓN)

Te invito a llevar presente durante todo el día el pecado de la vista. Debes cerrar tus ojos a todo lo que pueda manchar y oscurecer tu alma, pues puedes poner en juego tu salvación. No debes permitir que por tus ojos se debilite tu alma.

Los ojos son puertas del alma. Que por ellos no entre ningún tipo de contaminación, ciérralos al televisor; a todo tipo de escenas, películas, anuncios u otras promociones que puedan quitar la paz del alma; a lecturas dañinas que puedan arrastrarte a pensamientos negativos; a personas que quieran engrandecer y apetecer la carne. Aléjate de ellas, pues el enemigo es muy astuto y las pondrá en tu camino como gusto carnal y fácilmente puede hacerte confundir. Cerrar tus ojos a la curiosidad, a la vanidad, a lujos, al orgullo y a la moda. Todo esto, es camino fácil para pecar. Cerrar los ojos a cualquier contaminación para el alma, te hará fuerte en el espíritu, y podrás aprender a ver con los ojos interiores de él, y así ver la pureza del corazón de Dios.

Al final del día, antes de dormir, examínate y si por tus ojos entró algún pecado que pueda debilitar el alma y el espíritu, debes pedir perdón y tomar la confesión.

5. UNA HORA DE ADORACIÓN

ORACIÓN ANTES DE LA ADORACIÓN

Oh, Jesús mío, te adoro, te alabo, que mi alma en este momento de Adoración se esconda en tu presencia y mi corazón oculte y guarde tus dulces y tiernas miradas, como el secreto más hermoso que pueda recibir en el día de hoy. Jesús mío, creo en ti, confieso tu existencia real a través de la Eucaristía. Dame ojos para mirarte, oídos para escucharte, palabras para alabarte y un corazón para amarte. Toma lo poco que soy y lo que quiero ser, haz que sea yo en ti y tú en mí. Amén

6. SANTO ROSARIO

ORACIÓN PARA EL SANTO ROSARIO

Mi dulcísima Madre del cielo. ¡Oh mi divina majestad! envíame tu luz y tu Gracia para que en este momento que me dispongo a rezar el santo Rosario, sea yo en ti y tú en mí, que nada distraiga mis pensamientos para rezarlo con devoción y asumir en gracia los misterios del mismo. Madre Santísima, socórreme y dame tu auxilio quitándome todo lo que me puede apartar de ti. Amén.

7. EUCARISTÍA DIARIA

ORACIÓN ANTES DE TOMAR LA EUCARISTÍA

¡Oh divina Majestad! Vengo con el Alma vacía y necesitada, con hambre de ti, deseando ser llenado y alimentado con tu cuerpo y tu sangre. Nada soy y nada tengo. Tú eres todo y todo está en ti. ¡Oh grata presencia! Tú que estás en todo, ven llena esta pobre creatura de ese infinito amor que brota de ti. Amén.

8. ROSARIO DE LA MISERICORDIA 3:00 PM

ORACIÓN DE LA MISERICORDIA

Señor mío, que por las llagas de tu pasión redimiste la humanidad caída, concédeme, por la gracia del Rosario de la Misericordia, encontrar la paz de mi Alma y encomendar mi espíritu a tu puro corazón. Amén.

9. REZAR LA VÍSPERA (SI SABES COMO REZARLA) O EN SU DEFECTO MEDITAR UN SALMO CON EL MAGNÍFICAT.

CÁNTICO DE LA SANTÍSIMA VIRGEN MARÍA (Alegría del Alma en el Señor)

Proclama mi Alma la grandeza del Señor,
se alegra mi espíritu en Dios mi salvador;
porque ha mirado la humillación de su esclava.

Desde ahora me felicitarán todas las generaciones, porque
el poderoso ha hecho obras grandes por mí:
su nombre es Santo y su misericordia
llega a sus fieles de generación en generación.

Él hace proezas con su brazo:
dispersa a los soberbios de corazón,
derriba del trono a los poderosos
y enaltece a los humildes,
a los hambrientos los colma de bienes
y a los ricos despide vacíos.

Auxilia a Israel, su siervo,
acordándose de su misericordia
como lo había prometido a nuestros padres
– en favor de Abraham y su descendencia
por siempre. Gloria al... Amén. (Lc. 2, 46-55).

10. COMPLETAS

Después de un buen examen de conciencia y pedir perdón a Dios, rezar las completas (si sabes rezarla) o en su defecto rezar un salmo y luego concluir con el CÁNTICO de Simeón.

CÁNTICO DE SIMEÓN

Ahora Señor, según tus promesas, puedes dejar a tu siervo irse en paz, porque mis ojos han visto tu salvador, a quien ha presentado ante todos los pueblos: luz para alumbrar a las naciones y gloria de tu pueblo Israel. (Lc 2, 29-32).

11. ROSARIO DE LA MISERICORDIA 3:00 AM

ORACIÓN A LA DIVINA MISERICORDIA a las 3:00AM

Señor mío, permíteme ser canal de gracia, aparta de mí todo lo que me pueda separar de ti. Limpia mis pensamientos de todo lo que pueda perturbar mi corazón. Dame ojos sanos para evitar lo que no venga de ti, oídos finos para captar y oír sólo lo que alimenta mi espíritu, palabras dulces y puras, que me eleven a tu presencia. Que todo lo que piense, oiga, vea y hable, disponga mi Alma para morar en tu amor. Amén.

SEXTO DÍA

1. ORACIÓN DE INICIO DEL DÍA

Me encomiendo a las tres divinas personas, Padre, Hijo y Espíritu Santo, para ejercitar mi Alma en la gracia y vivir en la pureza. Que el sacrificio, penitencia y la oración, me permitan encontrar espacio en su divina majestad y su luz me envuelva para que, en estos 33 días en gracia, pueda vivir ya con un Alma santa. Amén.

2. ORACIÓN AL ANGEL DE LA GUARDA

Guardián de mi Alma, dulce defensor mío, asísteme y socórreme en mis momentos de debilidad, si es en el día, defiende mis pasos; si es en la noche, visita mi sueño. Mantén, mi Alma despierta y preparada para el encuentro con el Padre. Amén.

3. ORACIÓN DE LAS LAUDES

4. EN EL DÍA DE HOY HARÉ EL AYUNO

Este día tratarás de vivirlo con intensidad, renunciando a todo lo que pueda hacer daño a tu alma y que entra por los oídos, de igual manera, te invito al ayuno. El espíritu se va fortaleciendo en la medida que va haciendo sufrir la carne. El espíritu se alimenta de sacrificios, de ayuno y oración. Te invito al ayuno. Esto significa no dar gustos a la carne, porque debemos mantenernos atentos y despiertos, pues el enemigo nos persigue para hacer que caigamos. ¨***Estén atentos y oren para no caer en la tentación***¨ (Mt. 26, 41).

El ayuno te permitirá entrar en los misterios escondidos de Dios, y de igual forma, tu alma resistirá los ataques del enemigo. ¨***Sean sobrios, estén siempre alertas, porque su adversario, el diablo, como león rugiente, da vueltas buscando a quien devorar. Resístanle firmes en la fe***¨ (1Pe 5, 8-9). Ayunarás, sacrificando la carne, pasando por tu boca la menos comida que puedas, solo a pan y agua. Tu espíritu debe prepararse para la batalla. Tendrás por todos lados tentaciones, y por eso debes aprender a llevar tus fusiles. El ayuno es uno de ellos y con él lucharás y llevarás las peores batallas, pero las librarás. Debes rendirte sólo ante Dios y empezar a vivir la locura de la cruz.

5. UNA HORA DE ADORACIÓN

ORACIÓN ANTES DE LA ADORACIÓN

Oh, Jesús mío, te adoro, te alabo, que mi alma en este momento de Adoración se esconda en tu presencia y mi corazón oculte y guarde tus dulces y tiernas miradas, como el secreto más hermoso que pueda recibir en el día de hoy. Jesús mío, creo en ti, confieso tu existencia real a través de la Eucaristía. Dame ojos para mirarte, oídos para escucharte, palabras para alabarte y un corazón para amarte. Toma lo poco que soy y lo que quiero ser, haz que sea yo en ti y tú en mí. Amén

6. SANTO ROSARIO

ORACIÓN PARA EL SANTO ROSARIO

Mi dulcísima Madre del cielo. ¡Oh mi divina majestad! envíame tu luz y tu Gracia para que en este momento que me dispongo a rezar el santo Rosario, sea yo en ti y tú en mí, que nada distraiga mis pensamientos para rezarlo con devoción y asumir en gracia los misterios del mismo. Madre Santísima, socórreme y dame tu auxilio quitándome todo lo que me puede apartar de ti. Amén.

7. EUCARISTÍA DIARIA

ORACIÓN ANTES DE TOMAR LA EUCARISTÍA

¡Oh divina Majestad! Vengo con el Alma vacía y necesitada, con hambre de ti, deseando ser llenado y alimentado con tu cuerpo y tu sangre. Nada soy y nada tengo. Tú eres todo y todo está en ti. ¡Oh grata presencia! Tú que estás en todo, ven llena esta pobre creatura de ese infinito amor que brota de ti. Amén.

8. ROSARIO DE LA MISERICORDIA 3:00 PM

ORACIÓN DE LA MISERICORDIA

Señor mío, que por las llagas de tu pasión redimiste la humanidad caída, concédeme, por la gracia del Rosario de la Misericordia, encontrar la paz de mi Alma y encomendar mi espíritu a tu puro corazón. Amén.

9. REZAR LA VÍSPERA (SI SABES COMO REZARLA) O EN SU DEFECTO MEDITAR UN SALMO CON EL MAGNÍFICAT.

CÁNTICO DE LA SANTÍSIMA VIRGEN MARÍA
(Alegría del Alma en el Señor)

Proclama mi Alma la grandeza del Señor,
se alegra mi espíritu en Dios mi salvador;
porque ha mirado la humillación de su esclava.

Desde ahora me felicitarán todas las generaciones, porque
el poderoso ha hecho obras grandes por mí:
su nombre es Santo y su misericordia
llega a sus fieles de generación en generación.

Él hace proezas con su brazo:
dispersa a los soberbios de corazón,
derriba del trono a los poderosos
y enaltece a los humildes,
a los hambrientos los colma de bienes
y a los ricos despide vacíos.

Auxilia a Israel, su siervo,
acordándose de su misericordia
como lo había prometido a nuestros padres
– en favor de Abraham y su descendencia
por siempre. Gloria al… Amén. (Lc. 2, 46-55).

10. COMPLETAS

Después de un buen examen de conciencia y pedir perdón a Dios, rezar las completas (si sabes rezarla) o en su defecto rezar un salmo y luego concluir con el CÁNTICO de Simeón.

CÁNTICO DE SIMEÓN

Ahora Señor, según tus promesas, puedes dejar a tu siervo irse en paz, porque mis ojos han visto tu salvador, a quien ha presentado ante todos los pueblos: luz para alumbrar a las naciones y gloria de tu pueblo Israel. (Lc 2, 29-32).

11. ROSARIO DE LA MISERICORDIA 3:00 AM

ORACIÓN A LA DIVINA MISERICORDIA a las 3:00AM

Señor mío, permíteme ser canal de gracia, aparta de mí todo lo que me pueda separar de ti. Limpia mis pensamientos de todo lo que pueda perturbar mi corazón. Dame ojos sanos para evitar lo que no venga de ti, oídos finos para captar y oír sólo lo que alimenta mi espíritu, palabras dulces y puras, que me eleven a tu presencia. Que todo lo que piense, oiga, vea y hable, disponga mi Alma para morar en tu amor. Amén.

SÉPTIMO DÍA

1. ORACIÓN DE INICIO DEL DÍA

Me encomiendo a las tres divinas personas, Padre, Hijo y Espíritu Santo, para ejercitar mi Alma en la gracia y vivir en la pureza. Que el sacrificio, penitencia y la oración, me permitan encontrar espacio en su divina majestad y su luz me envuelva para que, en estos 33 días en gracia, pueda vivir ya con un Alma santa. Amén.

2. ORACIÓN AL ANGEL DE LA GUARDA

Guardián de mi Alma, dulce defensor mío, asísteme y socórreme en mis momentos de debilidad, si es en el día, defiende mis pasos; si es en la noche, visita mi sueño. Mantén, mi Alma despierta y preparada para el encuentro con el Padre. Amén.

3. ORACIÓN DE LAS LAUDES

4. MEDITAR Y HACER EL VIACRUCIS

Ya tu alma tiene otro matiz y tu vida se va acomodando a la oración y se va adentrando al sabor amargo, pero alegre de la cruz, y, por tanto, en este séptimo día, debes saborear el dolor y el peso de la cruz. Te invito a un Santo Vía Crucis. Lo puedes hacer en un lugar donde puedas experimentar y vivir los pasos de la pasión. En su defecto, puedes hacerlo en la Iglesia (Templo).

La pasión desde la cruz concentra todas las fuerzas divinas. Se vive la comunión con el Padre, con el Hijo y con el Espíritu Santo. Es una oración para reparar todos nuestros pecados, y también, debemos en él (Vía Crucis), ofrecer a los pecadores, a aquellos que siguen clavando a Jesús. Además, en el Vía Crucis, el Padre envía ángeles a guardar y proteger el alma penitente.

5. UNA HORA DE ADORACIÓN

ORACIÓN ANTES DE LA ADORACIÓN

Oh, Jesús mío, te adoro, te alabo, que mi alma en este momento de Adoración se esconda en tu presencia y mi corazón oculte y guarde tus dulces y tiernas miradas, como el secreto más hermoso que pueda recibir en el día de hoy. Jesús mío, creo en ti, confieso tu existencia real a través de la Eucaristía. Dame ojos para mirarte, oídos para escucharte, palabras para alabarte y un corazón para amarte. Toma lo poco que soy y lo que quiero ser, haz que sea yo en ti y tú en mí. Amén

6. SANTO ROSARIO

ORACIÓN PARA EL SANTO ROSARIO

Mi dulcísima Madre del cielo. ¡Oh mi divina majestad! envíame tu luz y tu Gracia para que en este momento que me dispongo a rezar el santo Rosario, sea yo en ti y tú en mí, que nada distraiga mis pensamientos para rezarlo con devoción y asumir en gracia

los misterios del mismo. Madre Santísima, socórreme y dame tu auxilio quitándome todo lo que me puede apartar de ti. Amén.

7. EUCARISTÍA DIARIA

ORACIÓN ANTES DE TOMAR LA EUCARISTÍA

¡Oh divina Majestad! Vengo con el Alma vacía y necesitada, con hambre de ti, deseando ser llenado y alimentado con tu cuerpo y tu sangre. Nada soy y nada tengo. Tú eres todo y todo está en ti. ¡Oh grata presencia! Tú que estás en todo, ven llena esta pobre creatura de ese infinito amor que brota de ti. Amén.

8. ROSARIO DE LA MISERICORDIA 3:00 PM

ORACIÓN DE LA MISERICORDIA

Señor mío, que por las llagas de tu pasión redimiste la humanidad caída, concédeme, por la gracia del Rosario de la Misericordia, encontrar la paz de mi Alma y encomendar mi espíritu a tu puro corazón. Amén.

9. REZAR LA VÍSPERA (SI SABES COMO REZARLA) O EN SU DEFECTO MEDITAR UN SALMO CON EL MAGNÍFICAT.

CÁNTICO DE LA SANTÍSIMA VIRGEN MARÍA (Alegría del Alma en el Señor)

Proclama mi Alma la grandeza del Señor,

se alegra mi espíritu en Dios mi salvador;
porque ha mirado la humillación de su esclava.

Desde ahora me felicitarán todas las generaciones, porque
el poderoso ha hecho obras grandes por mí:
su nombre es Santo y su misericordia
llega a sus fieles de generación en generación.

Él hace proezas con su brazo:
dispersa a los soberbios de corazón,
derriba del trono a los poderosos
y enaltece a los humildes,
a los hambrientos los colma de bienes
y a los ricos despide vacíos.

Auxilia a Israel, su siervo,
acordándose de su misericordia
como lo había prometido a nuestros padres
– en favor de Abraham y su descendencia
por siempre. Gloria al… Amén. (Lc. 2, 46-55).

10. COMPLETAS

Después de un buen examen de conciencia y pedir perdón a Dios, rezar las completas (si sabes rezarla) o en su defecto rezar un salmo y luego concluir con el CÁNTICO de Simeón.

CÁNTICO DE SIMEÓN

Ahora Señor, según tus promesas, puedes dejar a tu siervo irse en paz, porque mis ojos han visto tu salvador, a quien ha presentado ante todos los pueblos: luz para alumbrar a las naciones y gloria de tu pueblo Israel. (Lc 2, 29-32).

11. ROSARIO DE LA MISERICORDIA 3:00 AM

ORACIÓN A LA DIVINA MISERICORDIA a las 3:00AM

Señor mío, permíteme ser canal de gracia, aparta de mí todo lo que me pueda separar de ti. Limpia mis pensamientos de todo lo que pueda perturbar mi corazón. Dame ojos sanos para evitar lo que no venga de ti, oídos finos para captar y oír sólo lo que alimenta mi espíritu, palabras dulces y puras, que me eleven a tu presencia. Que todo lo que piense, oiga, vea y hable, disponga mi Alma para morar en tu amor. Amén.

OCTAVO DÍA

1. ORACIÓN DE INICIO DEL DÍA

Me encomiendo a las tres divinas personas, Padre, Hijo y Espíritu Santo, para ejercitar mi Alma en la gracia y vivir en la pureza. Que el sacrificio, penitencia y la oración, me permitan encontrar espacio en su divina majestad y su luz me envuelva para que, en estos 33 días en gracia, pueda vivir ya con un Alma santa. Amén.

2. ORACIÓN AL ANGEL DE LA GUARDA

Guardián de mi Alma, dulce defensor mío, asísteme y socórreme en mis momentos de debilidad, si es en el día, defiende mis pasos; si es en la noche, visita mi sueño. Mantén, mi Alma despierta y preparada para el encuentro con el Padre. Amén.

3. ORACIÓN DE LAS LAUDES

4. PECADO DEL OÍDO (REFLEXIÓN)

Renunciar a todo lo que puede dañar tu alma y que entra por tus oídos. No dejes tus oídos abiertos a lo que entra por él y ennegrece tu alma, la cual debe permanecer pura para el cielo. Cierra tus oídos a toda conversación que no te permita adentrarte en la fe. Todo esto te llevará a elegir tus amigos. No te dejes arrastrar por la música que contamina tu corazón. Esto te hace abrir muchas puertas a la sensualidad. Debes quitar todo ruido que te robe la paz. No dejes tus oídos abiertos a alabanzas que otros pueden hacerte, pues te pueden llevar a la vanidad y a la soberbia. Presta tus oídos a diálogos sanos, a buenas conversaciones, a La Palabra de Dios.

Haz de prestar tus oídos a Dios y así podrás aprender a escuchar su dulce voz que llama y habla con ternura y delicadeza. Aprender a callar y hacer silencio, te enseña a escuchar la voz de Dios.

Todo el día de hoy has la firme promesa de no maltratar tu alma con lo que pueda entrar por tus oídos. Trata de no darle tiempo al televisor, a la computadora, a tu celular, a tus amigos. Solo lo que creas sea necesario. Aléjate de todo lo que entra por tus oídos y te quiera apartar de Dios y poner en juego tu salvación.

Llegado el momento de acostarte, examínate y si ofendiste a Dios, también tu alma quedará nublada. Da más tiempo a educar el oído. Delicadamente pide perdón a Dios y pide la gracia para confesar tus pecados cuando te llegue el momento.

5. SACRAMENTO DE LA CONFESIÓN

SACRAMENTO DE LA RECONCILIACION

Te invito de nuevo a confesarte. Ya que estas cruzando un nivel de espiritualidad que te va haciendo reconocer lo delicado que es Dios y lo hermoso que es estar en su presencia. Como penitente, hazte reconocer que a quien primero se ofende es a Dios y luego al prójimo. La confesión es un manantial de gracia. Cuando el penitente va al sacramento de la confesión, se está sumergiendo al mar del amor y la presencia de Dios; se está dando el más refrescante baño, que le deja puro, limpio y lleno de la gracia de Dios. Este sacramento prepara para entrar al cielo y muy resplandeciente. Si vas a tomar este sacramento, debes humillarte y reconocer la más mínima culpa y sólo así, humillado, recibirás, a través del sacerdote, el perdón de todos tus pecados. En el sacramento de la confesión te haces heredero del cielo. Debe quedar en ti, el deseo de ir al cielo, ya que la gracia recibida, te aumenta el hambre de Dios. Al igual, por el sacramento, los demonios corren, pues se han roto las cadenas que le sujetaban al enemigo y se han curado las llagas que el pecado había producido en la conciencia. Así nos lo hace ver la palabra de Dios: "Lo que ates en la tierra, quedara atado en el cielo; lo que desates en la tierra quedara desatado en el cielo" (Mt. 16, 19).

La gracia recibida en la confesión te ayudará a vencer las tentaciones y las pasiones que te puedan llegar. La confesión, por la gracia recibida, te preparará para mantener la lucha. Es como tener cargado el fusil y mantenerte en vigilia, ya que en cualquier momento te llegará el enemigo a tentarte. Este no duerme y aprovecha todo momento.

Trata de hacer una buena y delicada confesión, examinando cuidadosamente tu conciencia para que el mínimo pecado, no quede sin perdonar y el gozo recibido será grande. La alegría asomará a tu corazón y el gusto y la esperanza por el cielo, será indescriptible. " Les digo que, de la misma manera habrá más fiesta en el cielo por un pecador que se arrepienta que por noventa y nueve justos que no necesitan convertirse" (Lc.15, 7).

6. UNA HORA DE ADORACIÓN

ORACIÓN ANTES DE LA ADORACIÓN.

Oh, Jesús mío, te adoro, te alabo, que mi alma en este momento de Adoración se esconda en tu presencia y mi corazón oculte y guarde tus dulces y tiernas miradas, como el secreto más hermoso que pueda recibir en el día de hoy. Jesús mío, creo en ti, confieso tu existencia real a través de la Eucaristía. Dame ojos para mirarte, oídos para escucharte, palabras para alabarte y un corazón para amarte. Toma lo poco que soy y lo que quiero ser, haz que sea yo en ti y tú en mí. Amén

7. SANTO ROSARIO

ORACIÓN PARA EL SANTO ROSARIO

' ***Mi dulcísima Madre del cielo. ¡Oh mi divina majestad! envíame tu luz y tu Gracia para que en este momento que me dispongo a rezar el santo Rosario, sea yo en ti y tú en mí, que nada distraiga mis pensamientos para rezarlo con devoción y asumir en gracia los misterios del mismo. Madre Santísima, socórreme y dame tu auxilio quitándome todo lo que me puede apartar de ti. Amén.***

8. EUCARISTÍA DIARIA

ORACIÓN ANTES DE TOMAR LA EUCARISTÍA

¡Oh divina Majestad! Vengo con el Alma vacía y necesitada, con hambre de ti, deseando ser llenado y alimentado con tu cuerpo y tu sangre. Nada soy y nada tengo. Tú eres todo y todo está en ti. ¡Oh grata presencia! Tú que estás en todo, ven llena esta pobre creatura de ese infinito amor que brota de ti. Amén.

9. ROSARIO DE LA MISERICORDIA 3:00 PM

ORACIÓN DE LA MISERICORDIA

Señor mío, que por las llagas de tu pasión redimiste la humanidad caída, concédeme, por la gracia del Rosario de la Misericordia, encontrar la paz de mi Alma y encomendar mi espíritu a tu puro corazón. Amén.

10. REZAR LA VÍSPERA (SI SABES COMO REZARLA) O EN SU DEFECTO MEDITAR UN SALMO CON EL MAGNÍFICAT.

CÁNTICO DE LA SANTÍSIMA VIRGEN MARÍA
(Alegría del Alma en el Señor)

Proclama mi Alma la grandeza del Señor,
se alegra mi espíritu en Dios mi salvador;
porque ha mirado la humillación de su esclava.
Desde ahora me felicitarán todas las generaciones, porque el poderoso ha hecho obras grandes por mí:

su nombre es Santo y su misericordia
llega a sus fieles de generación en generación.

Él hace proezas con su brazo:
dispersa a los soberbios de corazón,
derriba del trono a los poderosos
y enaltece a los humildes,
a los hambrientos los colma de bienes
y a los ricos despide vacíos.
Auxilia a Israel, su siervo,
acordándose de su misericordia
como lo había prometido a nuestros padres
- en favor de Abraham y su descendencia
por siempre. Gloria al... Amén. (Lc. 2, 46-55).

11. COMPLETAS

Después de un buen examen de conciencia y pedir perdón a Dios, rezar las completas (si sabes rezarla) o en su defecto rezar un salmo y luego concluir con el CÁNTICO de Simeón.

CÁNTICO DE SIMEÓN

Ahora Señor, según tus promesas, puedes dejar a tu siervo irse en paz, porque mis ojos han visto tu salvador, a quien ha presentado ante todos los pueblos: luz para alumbrar a las naciones y gloria de tu pueblo Israel. (Lc 2, 29-32).

12. ROSARIO DE LA MISERICORDIA 3:00 AM

ORACIÓN A LA DIVINA MISERICORDIA a las 3:00AM

Señor mío, permíteme ser canal de gracia, aparta de mí todo lo que me pueda separar de ti. Limpia mis pensamientos de todo lo que pueda perturbar mi corazón. Dame ojos sanos para evitar lo que no venga de ti, oídos finos para captar y oír sólo lo que alimenta mi espíritu, palabras dulces y puras, que me eleven a tu presencia. Que todo lo que piense, oiga, vea y hable, disponga mi Alma para morar en tu amor. Amén.

NOVENO DÍA

1. ORACIÓN DE INICIO DEL DÍA

Me encomiendo a las tres divinas personas, Padre, Hijo y Espíritu Santo, para ejercitar mi Alma en la gracia y vivir en la pureza. Que el sacrificio, penitencia y la oración, me permitan encontrar espacio en su divina majestad y su luz me envuelva para que, en estos 33 días en gracia, pueda vivir ya con un Alma santa. Amén.

2. ORACIÓN AL ANGEL DE LA GUARDA

Guardián de mi Alma, dulce defensor mío, asísteme y socórreme en mis momentos de debilidad, si es en el día, defiende mis pasos; si es en la noche, visita mi sueño. Mantén, mi Alma despierta y preparada para el encuentro con el Padre. Amén.

3. ORACIÓN DE LAS LAUDES

4. HACER UN ACTO DE CARIDAD

5. UNA HORA DE ADORACIÓN

ORACIÓN ANTES DE LA ADORACIÓN

Oh, Jesús mío, te adoro, te alabo, que mi alma en este momento de Adoración se esconda en tu presencia y mi corazón oculte y guarde tus dulces y tiernas miradas, como el secreto más hermoso que pueda recibir en el día de hoy. Jesús mío, creo en ti, confieso tu existencia real a través de la Eucaristía. Dame ojos para mirarte, oídos para escucharte, palabras para alabarte y un corazón para amarte. Toma lo poco que soy y lo que quiero ser, haz que sea yo en ti y tú en mí. Amén

6. SANTO ROSARIO

ORACIÓN PARA EL SANTO ROSARIO

Mi dulcísima Madre del cielo. ¡Oh mi divina majestad! envíame tu luz y tu Gracia para que en este momento que me dispongo a rezar el santo Rosario, sea yo en ti y tú en mí, que nada distraiga mis pensamientos para rezarlo con devoción y asumir en gracia los misterios del mismo. Madre Santísima, socórreme y dame tu auxilio quitándome todo lo que me puede apartar de ti. Amén.

7. EUCARISTÍA DIARIA

ORACIÓN ANTES DE TOMAR LA EUCARISTÍA

¡Oh divina Majestad! Vengo con el Alma vacía y necesitada, con hambre de ti, deseando ser llenado y alimentado con tu cuerpo y tu sangre. Nada soy y nada tengo. Tú eres todo y todo está en ti. ¡Oh grata presencia! Tú que estás en todo, ven llena esta pobre creatura de ese infinito amor que brota de ti. Amén.

8. ROSARIO DE LA MISERICORDIA 3:00 PM

ORACIÓN DE LA MISERICORDIA

Señor mío, que por las llagas de tu pasión redimiste la humanidad caída, concédeme, por la gracia del Rosario de la Misericordia, encontrar la paz de mi Alma y encomendar mi espíritu a tu puro corazón. Amén.

9. REZAR LA VÍSPERA (SI SABES COMO REZARLA) O EN SU DEFECTO MEDITAR UN SALMO CON EL MAGNÍFICAT.

CÁNTICO DE LA SANTÍSIMA VIRGEN MARÍA
(Alegría del Alma en el Señor)

Proclama mi Alma la grandeza del Señor,
se alegra mi espíritu en Dios mi salvador;
porque ha mirado la humillación de su esclava.

Desde ahora me felicitarán todas las generaciones, porque
el poderoso ha hecho obras grandes por mí:
su nombre es Santo y su misericordia
llega a sus fieles de generación en generación.

Él hace proezas con su brazo:
dispersa a los soberbios de corazón,
derriba del trono a los poderosos
y enaltece a los humildes,
a los hambrientos los colma de bienes
y a los ricos despide vacíos.

Auxilia a Israel, su siervo,
acordándose de su misericordia

como lo había prometido a nuestros padres
– en favor de Abraham y su descendencia
por siempre. Gloria al… Amén. (Lc. 2, 46-55).

11. COMPLETAS

Después de un buen examen de conciencia y pedir perdón a Dios, rezar las completas (si sabes rezarla) o en su defecto rezar un salmo y luego concluir con el CÁNTICO de Simeón.

CÁNTICO DE SIMEÓN

Ahora Señor, según tus promesas, puedes dejar a tu siervo irse en paz, porque mis ojos han visto tu salvador, a quien ha presentado ante todos los pueblos: luz para alumbrar a las naciones y gloria de tu pueblo Israel. (Lc 2, 29-32).

12. ROSARIO DE LA MISERICORDIA 3:00 AM

ORACIÓN A LA DIVINA MISERICORDIA a las 3:00AM

Señor mío, permíteme ser canal de gracia, aparta de mí todo lo que me pueda separar de ti. Limpia mis pensamientos de todo lo que pueda perturbar mi corazón. Dame ojos sanos para evitar lo que no venga de ti, oídos finos para captar y oír sólo lo que alimenta mi espíritu, palabras dulces y puras, que me eleven a tu presencia. Que todo lo que piense, oiga, vea y hable, disponga mi Alma para morar en tu amor. Amén.

DÉCIMO DÍA

1. ORACIÓN DE INICIO DEL DÍA

Me encomiendo a las tres divinas personas, Padre, Hijo y Espíritu Santo, para ejercitar mi Alma en la gracia y vivir en la pureza. Que el sacrificio, penitencia y la oración, me permitan encontrar espacio en su divina majestad y su luz me envuelva para que, en estos 33 días en gracia, pueda vivir ya con un Alma santa. Amén.

2. ORACIÓN AL ANGEL DE LA GUARDA

Guardián de mi Alma, dulce defensor mío, asísteme y socórreme en mis momentos de debilidad, si es en el día, defiende mis pasos; si es en la noche, visita mi sueño. Mantén, mi Alma despierta y preparada para el encuentro con el Padre. Amén.

3. ORACIÓN DE LAS LAUDES

4. VISITAR A UN ENFERMO Y MEDITAR SOBRE LA SOBERBIA

Visitar a los enfermos, preferiblemente en el hospital o centro donde haya muchos, te ayudará a despojarte del orgullo. Somos tan vanidosos que creemos que no pasaremos por una enfermedad.

Esta experiencia te hará más sensible a las necesidades

de los demás. Ver a un enfermo, encarnando su dolor, es como vernos a nosotros mismos en un hospital y sentirnos abandonados, vulnerables a cualquier situación.

La visita a los enfermos te ayudará a sensibilizar tu alma, a entender al enfermo y a reconocer que un enfermo es el espejo en el cual tú debes verte.

Ya estás muy adentrado en los 33 días en gracia y, por tanto, debes seguir silenciando tu cuerpo orgulloso y altanero. En este día te pongo a reflexionar sobre la soberbia. Esta es la puerta de todos los males. Es todo lo contrario a lo que Dios nos pide para llegar al cielo. La soberbia te hace altanero, orgulloso, prepotente y no deja avanzar por el camino de la santidad. La soberbia te hace presumir y considerarte que solo lo tuyo es bueno o que solo lo tuyo vale. El soberbio no tiene tranquilidad en su alma, ya que siempre está atento a todo, pero para concentrar todo en sí mismo. Este es uno de los pecados más graves, no da espacio al amor sino a la vanidad y a la superficialidad. El soberbio se llena de vanagloria creyéndose el mejor de todos. La soberbia es el más grave obstáculo para la gracia de Dios. Entre los pecados capitales, es la plataforma. Es la raíz de todos los males.

En todo este día te invito a sacar de ti toda malicia, todo comentario dañino (críticas). No te presentes como el mejor; no quieras ocupar el primer puesto, no quieras para ti lo mejor. Habla solo cuando creas que vas a aportar para que el otro crezca; mantente vigilante para descubrir en qué puedes ayudar al otro y cómo puedes socorrerlo;

no te acerques al que habla mal de Dios y de tu prójimo, te hará caer sin importar que tú fracases; no levantes la mirada para fijarte en lo que pueda hacerte pecar, o en quien te quiere provocar; corre al pecado y cierra toda puerta por donde pueda entrar la soberbia.

Al final del día, cuando te corresponda examinarte con el examen de conciencia, fíjate si alguna soberbia hiciste, reconócete pecador y acércate a Dios pidiendo perdón.

Lo contrario a la soberbia es la humildad. Esta es la puerta de todas las virtudes, nos acerca a Dios y nos abre a la gracia. El lenguaje de la humildad nos abre al diálogo con Dios. (cfr. P. De La Fuente, Luis. MEDITACIONES DE LOS MISTERIOS DE NUESTRA FE, Ed. Testimonio, decimotercera edición, primer tomo, pág. 206).

La soberbia nos quita la gracia de Dios, pero la humildad nos hace alcanzarla y nos facilita participar de las bendiciones más altas que vienen del cielo.

El humilde recibe de parte de Dios la gracia del discernimiento para mantener su corazón solo en Dios y no permitir que las vanidades de este mundo le arropen, pues se deja llevar y conducir por Dios, apartándose de todo lo que afecta su comunión con Dios, llegando a despreciar todos los gustos que le brinda el mundo. El humilde tiene oídos solo para Dios y vive solo para Él. Igual, aparta sus ojos de todo lo que puede contaminar el alma, renunciando a todo lo que pueda poner en juego su salvación. Vive escondido llevando una vida de sacrificio y oración, sin dejar que nada en este mundo le abra camino para sentirse grande y enaltecido. El humilde es el que aprende a darle a Dios su mejor tiempo, la mejor cosecha de su trabajo; es el que aprende a ocupar el último lugar dando el primero al prójimo y dejando que los demás ocupen el lugar más importante. (cfr. Lc. 14, 11).

5. UNA HORA DE ADORACIÓN

ORACIÓN ANTES DE LA ADORACIÓN

Oh, Jesús mío, te adoro, te alabo, que mi alma en este momento de Adoración se esconda en tu presencia y mi corazón oculte y guarde tus dulces y tiernas miradas, como el secreto más hermoso que pueda recibir en el día de hoy. Jesús mío, creo en ti, confieso tu existencia real a través de la Eucaristía. Dame ojos para mirarte, oídos para escucharte, palabras para alabarte y un corazón para amarte. Toma lo poco que soy y lo que quiero ser, haz que sea yo en ti y tú en mí. Amén

6. SANTO ROSARIO

ORACIÓN PARA EL SANTO ROSARIO

Mi dulcísima Madre del cielo. ¡Oh mi divina majestad! envíame tu luz y tu Gracia para que en este momento que me dispongo a rezar el santo Rosario, sea yo en ti y tú en mí, que nada distraiga mis pensamientos para rezarlo con devoción y asumir en gracia los misterios del mismo. Madre Santísima, socórreme

y dame tu auxilio quitándome todo lo que me puede apartar de ti. Amén.

7. EUCARISTÍA DIARIA

ORACIÓN ANTES DE TOMAR LA EUCARISTÍA

¡Oh divina Majestad! Vengo con el Alma vacía y necesitada, con hambre de ti, deseando ser llenado y alimentado con tu cuerpo y tu sangre. Nada soy y nada tengo. Tú eres todo y todo está en ti. ¡Oh grata presencia! Tú que estás en todo, ven llena esta pobre creatura de ese infinito amor que brota de ti. Amén.

8. ROSARIO DE LA MISERICORDIA 3:00 PM

ORACIÓN DE LA MISERICORDIA

Señor mío, que por las llagas de tu pasión redimiste la humanidad caída, concédeme, por la gracia del Rosario de la Misericordia, encontrar la paz de mi Alma y encomendar mi espíritu a tu puro corazón. Amén.

9. REZAR LA VÍSPERA (SI SABES COMO REZARLA) O EN SU DEFECTO MEDITAR UN SALMO CON EL MAGNÍFICAT.

CÁNTICO DE LA SANTÍSIMA VIRGEN MARÍA
(Alegría del Alma en el Señor)

Proclama mi Alma la grandeza del Señor,
se alegra mi espíritu en Dios mi salvador;

porque ha mirado la humillación de su esclava.

Desde ahora me felicitarán todas las generaciones, porque
el poderoso ha hecho obras grandes por mí:
su nombre es Santo y su misericordia
llega a sus fieles de generación en generación.

Él hace proezas con su brazo:
dispersa a los soberbios de corazón,
derriba del trono a los poderosos
y enaltece a los humildes,
a los hambrientos los colma de bienes
y a los ricos despide vacíos.

Auxilia a Israel, su siervo,
acordándose de su misericordia
como lo había prometido a nuestros padres
– en favor de Abraham y su descendencia
por siempre. Gloria al… Amén. (Lc. 2, 46-55).

11. COMPLETAS

Después de un buen examen de conciencia y pedir perdón a Dios, rezar las completas (si sabes rezarla) o en su defecto rezar un salmo y luego concluir con el CÁNTICO de Simeón.

CÁNTICO DE SIMEÓN

Ahora Señor, según tus promesas, puedes dejar a tu siervo irse en paz, porque mis ojos han visto tu sal-

vador, a quien ha presentado ante todos los pueblos: luz para alumbrar a las naciones y gloria de tu pueblo Israel. (Lc 2, 29-32).

12. ROSARIO DE LA MISERICORDIA 3:00 AM

ORACIÓN A LA DIVINA MISERICORDIA a las 3:00AM

Señor mío, permíteme ser canal de gracia, aparta de mí todo lo que me pueda separar de ti. Limpia mis pensamientos de todo lo que pueda perturbar mi corazón. Dame ojos sanos para evitar lo que no venga de ti, oídos finos para captar y oír sólo lo que alimenta mi espíritu, palabras dulces y puras, que me eleven a tu presencia. Que todo lo que piense, oiga, vea y hable, disponga mi Alma para morar en tu amor. Amén.

DÉCIMO PRIMER DÍA

1. ORACIÓN DE INICIO DEL DÍA

Me encomiendo a las tres divinas personas, Padre, Hijo y Espíritu Santo, para ejercitar mi Alma en la gracia y vivir en la pureza. Que el sacrificio, penitencia y la oración, me permitan encontrar espacio en su divina majestad y su luz me envuelva para que, en estos 33 días en gracia, pueda vivir ya con un Alma santa. Amén.

2. ORACIÓN AL ANGEL DE LA GUARDA

Guardián de mi Alma, dulce defensor mío, asísteme y socórreme en mis momentos de debilidad, si es en el día, defiende mis pasos; si es en la noche, visita mi sueño. Mantén, mi Alma despierta y preparada para el encuentro con el Padre. Amén.

3. ORACIÓN DE LAS LAUDES

4. EL SILENCIO (REFLEXIÓN)

Quiero hoy que reflexiones sobre el silencio. Quien habla mucho comete muchos errores, y es por eso que te invito a guardar silencio en todo este día.

Eso te hará estar abierto y escuchar solo a Dios. Es el camino recto y seguro que te lleva a Dios, a esconderte en El, apartándote del escándalo del mundo, y te introduce a estar solo para Dios, quitando de ti lo que pueda ocupar tu mente y tu pensamiento en las cosas vanas de este mundo. Sólo el silencio podrá valorar la riqueza del espíritu y descubrir la gracia del amor de Dios que no se separa de ti.

Guarda silencio y sumérgete en el mar infinito de la presencia de Dios que espera por ti.

Cierra hoy toda puerta por donde pueda entrar todo tipo de dispersión, distracción, pensamientos negativos o palabras que quieran apartarte de las hermosas miradas de Dios. Debes ser centinela de la gracia de Dios y no dejar que nada ni nadie robe lo que Dios tiene en este día para ti. Desde que te levantes trata de apartarte a un lugar donde puedas estar sólo con Jesús, y escuchar su voz que te habla a través del silencio.

No te lleves de las ocupaciones creyendo que eres imprescindible y que sólo tú haces avanzar las cosas que llevas o creyendo que eres el motor que mueve todo lo que te rodea. No es así, cuando falles, todo seguirá igual, pues todo está en las manos de Dios y nada se mueve sin Él.

El silencio te conduce a hacer morada en el corazón de Dios y te indica el camino por dónde no se pone en juego la salvación y por dónde realmente se deleita con provecho espiritual tu alma.

5. UNA HORA DE ADORACIÓN

ORACIÓN ANTES DE LA ADORACIÓN

Oh, Jesús mío, te adoro, te alabo, que mi alma en este momento de Adoración se esconda en tu presencia y mi corazón oculte y guarde tus dulces y tiernas miradas, como el secreto más hermoso que pueda recibir en el día de hoy. Jesús mío, creo en ti, confieso tu existencia real a través de la Eucaristía. Dame ojos para mirarte, oídos para escucharte, palabras para alabarte y un corazón para amarte. Toma lo poco que soy y lo que quiero ser, haz que sea yo en ti y tú en mí. Amén

6. SANTO ROSARIO

ORACIÓN PARA EL SANTO ROSARIO

Mi dulcísima Madre del cielo. ¡Oh mi divina majestad! envíame tu luz y tu Gracia para que en este momento que me dispongo a rezar el santo Rosario, sea yo en ti y tú en mí, que nada distraiga mis pensamientos para rezarlo con devoción y asumir en gracia los misterios del mismo. Madre Santísima, socórreme y dame tu auxilio quitándome todo lo que me puede apartar de ti. Amén.

7. EUCARISTÍA DIARIA

ORACIÓN ANTES DE TOMAR LA EUCARISTÍA

¡Oh divina Majestad! Vengo con el Alma vacía y necesitada, con hambre de ti, deseando ser llenado y alimentado con tu cuerpo y tu sangre. Nada soy y nada tengo. Tú eres todo y todo está en ti. ¡Oh grata presencia! Tú que estás en todo, ven llena esta pobre creatura de ese infinito amor que brota de ti. Amén.

8. ROSARIO DE LA MISERICORDIA 3:00 PM

ORACIÓN DE LA MISERICORDIA

Señor mío, que por las llagas de tu pasión redimiste la humanidad caída, concédeme, por la gracia del Rosario de la Misericordia, encontrar la paz de mi Alma y encomendar mi espíritu a tu puro corazón. Amén.

9. REZAR LA VÍSPERA (SI SABES COMO REZARLA) O EN SU DEFECTO MEDITAR UN SALMO CON EL MAGNÍFICAT.

CÁNTICO DE LA SANTÍSIMA VIRGEN MARÍA (Alegría del Alma en el Señor)

Proclama mi Alma la grandeza del Señor,
se alegra mi espíritu en Dios mi salvador;
porque ha mirado la humillación de su esclava.

Desde ahora me felicitarán todas las generaciones, porque el poderoso ha hecho obras grandes por mí:

su nombre es Santo y su misericordia
llega a sus fieles de generación en generación.

Él hace proezas con su brazo:
dispersa a los soberbios de corazón,
derriba del trono a los poderosos
y enaltece a los humildes,
a los hambrientos los colma de bienes
y a los ricos despide vacíos.

Auxilia a Israel, su siervo,
acordándose de su misericordia
como lo había prometido a nuestros padres
– en favor de Abraham y su descendencia
por siempre. Gloria al… Amén. (Lc. 2, 46-55).

10. COMPLETAS

Después de un buen examen de conciencia y pedir perdón a Dios, rezar las completas (si sabes rezarla) o en su defecto rezar un salmo y luego concluir con el CÁNTICO de Simeón.

CÁNTICO DE SIMEÓN

Ahora Señor, según tus promesas, puedes dejar a tu siervo irse en paz, porque mis ojos han visto tu salvador, a quien ha presentado ante todos los pueblos: luz para alumbrar a las naciones y gloria de tu pueblo Israel. (Lc 2, 29-32).

11. ROSARIO DE LA MISERICORDIA 3:00 AM

ORACIÓN A LA DIVINA MISERICORDIA a las 3:00AM

Señor mío, permíteme ser canal de gracia, aparta de mí todo lo que me pueda separar de ti. Limpia mis pensamientos de todo lo que pueda perturbar mi corazón. Dame ojos sanos para evitar lo que no venga de ti, oídos finos para captar y oír sólo lo que alimenta mi espíritu, palabras dulces y puras, que me eleven a tu presencia. Que todo lo que piense, oiga, vea y hable, disponga mi Alma para morar en tu amor. Amén.

DÉCIMO SEGUNDO DÍA

1. ORACIÓN DE INICIO DEL DÍA

Me encomiendo a las tres divinas personas, Padre, Hijo y Espíritu Santo, para ejercitar mi Alma en la gracia y vivir en la pureza. Que el sacrificio, penitencia y la oración, me permitan encontrar espacio en su divina majestad y su luz me envuelva para que, en estos 33 días en gracia, pueda vivir ya con un Alma santa. Amén.

2. ORACIÓN AL ANGEL DE LA GUARDA

Guardián de mi Alma, dulce defensor mío, asísteme y socórreme en mis momentos de debilidad, si es en el día, defiende mis pasos; si es en la noche, visita mi sueño. Mantén, mi Alma despierta y preparada para el encuentro con el Padre. Amén.

3. ORACIÓN DE LAS LAUDES

4. PECADO DE LA IRA (REFLEXIÓN)

Este pecado desordena el ánimo y lo apetece, desequilibrando la cordura. Es un apetito desordenado influenciado directamente por Satanás, pues al desordenar la conducta, la persona incurre en cometer actos que van en contra de la recta conciencia. Este pecado hace y permite que la razón se nuble, quitando la participación correcta del corazón y permitiendo que lleguen todo tipo de pensamientos que destruyen el sano juicio y la sana tranquilidad de la persona.

La ira provoca:

Pensamientos de odio al prójimo, con propósito de venganza, de que le suceda algo malo. Se deleita con el mal de los demás.

Pecado de la lengua. Pronunciar palabras vengativas o injuriosas. La persona le gusta murmurar en ausencia, maldiciones, palabras altas y desentonadas con muestras de cólera, contiendas y porfías en las disputas por salir con la suya.

Contra el quinto mandamiento, como es matar, herir o maltratar al prójimo contra la razón y la justicia. Nunca hay perdón, pues solo hay deseo de venganza. (cfr. Pág. 225).

La ira destruye la semejanza con Dios, inquieta la conciencia, obstruye la fuente de la Divina Misericordia, ahoga el espíritu de la devoción y los consuelos del Espíritu Santo, el cual mora y descansa en los humildes y tranquilos de corazón, y huye de los iracundos en quienes mora el espíritu malo, porque la ira furiosa es frenesí del alma, locura breve y demonio voluntario que se apodera del espíritu, cuando visita el demonio que se apodera del cuerpo.

El diablo está muy cerca de los que llevan ira, pues es camino seguro para atizar el fuego del infierno. Es así que te invito a alejar de ti cualquier impulso de ira. Debes huir de cualquier movimiento de ira, ya que esta te puede introducir a cohabitar con un demonio. Es mejor reprimirla con la dulce compañía y auxilio de Dios. Así no encontrará terreno en ti para crecer. (cfr. Pág. 227. Luis Fuente).

Mortificar la ira trae dos hermosas virtudes: la mansedumbre y la paciencia. La primera refrena la ira para sufrir los agravios que recibe. La primera nos hace afables con todos; la segunda para que suframos de todos. De estas se desprenden tres grandes bienes:

✓ La mansedumbre y la paciencia nos da señorío y posesión quieta y pacífica de nosotros mismos y de nuestras pasiones; ***"Porque los mansos poseen la tierra"*** (Mt. 5,4), de su corazón; y con paciencia poseemos nuestras almas (Lc. 21,19) y alcanzamos paz de paciencia, con alegría cordial de espíritu. (Pág. 228).

✓ La mansedumbre nos hace amables y la paciencia nos hace admirables, porque el que hace sus obras con mansedumbre es amado. Quien tiene valor para reprimir la ira y sufrir el agravio, acredita su persona y edifica al prójimo. Mejor es y más agradable y admirable el paciente que el fuerte, y el que vence su ánimo que quien conquista el mundo (cfr. Prov. 16,32).

✓ La mansedumbre y la paciencia nos hace amables a Dios y nos dan entrada al trato familiar con su majestad, y así, la falta de ellas nos cierra la puerta.

5. UNA HORA DE ADORACIÓN

ORACIÓN ANTES DE LA ADORACIÓN

Oh, Jesús mío, te adoro, te alabo, que mi alma en este momento de Adoración se esconda en tu presencia y mi corazón oculte y guarde tus dulces y tiernas miradas, como el secreto más hermoso que pueda recibir en el día de hoy. Jesús mío, creo en ti, confieso tu existencia real a través de la Eucaristía. Dame ojos para mirarte, oídos para escucharte, palabras para alabarte y un corazón para amarte. Toma lo poco que soy y lo que quiero ser, haz que sea yo en ti y tú en mí. Amén

6. SANTO ROSARIO

ORACIÓN PARA EL SANTO ROSARIO

Mi dulcísima Madre del cielo. ¡Oh mi divina majestad! envíame tu luz y tu Gracia para que en este momento que me dispongo a rezar el santo Rosario, sea yo en ti y tú en mí, que nada distraiga mis pensamientos para rezarlo con devoción y asumir en gracia los misterios del mismo. Madre Santísima, socórreme y dame tu auxilio quitándome todo lo que me puede apartar de ti. Amén.

7. EUCARISTÍA DIARIA

ORACIÓN ANTES DE TOMAR LA EUCARISTÍA

¡Oh divina Majestad! Vengo con el Alma vacía y necesitada, con hambre de ti, deseando ser llenado y alimentado con tu cuerpo y tu sangre. Nada soy y nada tengo. Tú eres todo y todo está en ti. ¡Oh grata presencia! Tú que estás en todo, ven llena esta pobre creatura de ese infinito amor que brota de ti. Amén.

8. ROSARIO DE LA MISERICORDIA 3:00 PM

ORACIÓN DE LA MISERICORDIA

Señor mío, que por las llagas de tu pasión redimiste la humanidad caída, concédeme, por la gracia del Rosario de la Misericordia, encontrar la paz de mi Alma y encomendar mi espíritu a tu puro corazón. Amén.

9. REZAR LA VÍSPERA (SI SABES COMO REZARLA) O EN SU DEFECTO MEDITAR UN SALMO CON EL MAGNÍFICAT.

CÁNTICO DE LA SANTÍSIMA VIRGEN MARÍA

(Alegría del Alma en el Señor)

Proclama mi Alma la grandeza del Señor,
se alegra mi espíritu en Dios mi salvador;
porque ha mirado la humillación de su esclava.

Desde ahora me felicitarán todas las generaciones, porque el poderoso ha hecho obras grandes por mí:

su nombre es Santo y su misericordia
llega a sus fieles de generación en generación.

Él hace proezas con su brazo:
dispersa a los soberbios de corazón,
derriba del trono a los poderosos
y enaltece a los humildes,
a los hambrientos los colma de bienes
y a los ricos despide vacíos.

Auxilia a Israel, su siervo,
acordándose de su misericordia
como lo había prometido a nuestros padres
– en favor de Abraham y su descendencia
por siempre. Gloria al… Amén. (Lc. 2, 46-55).

11. COMPLETAS

Después de un buen examen de conciencia y pedir perdón a Dios, rezar las completas (si sabes rezarla) o en su defecto rezar un salmo y luego concluir con el CÁNTICO de Simeón.

CÁNTICO DE SIMEÓN

Ahora Señor, según tus promesas, puedes dejar a tu siervo irse en paz, porque mis ojos han visto tu salvador, a quien ha presentado ante todos los pueblos: luz para alumbrar a las naciones y gloria de tu pueblo Israel. (Lc 2, 29-32).

12. ROSARIO DE LA MISERICORDIA 3:00 AM

ORACIÓN A LA DIVINA MISERICORDIA a las 3:00AM

Señor mío, permíteme ser canal de gracia, aparta de mí todo lo que me pueda separar de ti. Limpia mis pensamientos de todo lo que pueda perturbar mi corazón. Dame ojos sanos para evitar lo que no venga de ti, oídos finos para captar y oír sólo lo que alimenta mi espíritu, palabras dulces y puras, que me eleven a tu presencia. Que todo lo que piense, oiga, vea y hable, disponga mi Alma para morar en tu amor. Amén.

DÉCIMO TERCER DÍA

1. ORACIÓN DE INICIO DEL DÍA

Me encomiendo a las tres divinas personas, Padre, Hijo y Espíritu Santo, para ejercitar mi Alma en la gracia y vivir en la pureza. Que el sacrificio, penitencia y la oración, me permitan encontrar espacio en su divina majestad y su luz me envuelva para que, en estos 33 días en gracia, pueda vivir ya con un Alma santa. Amén.

2. ORACIÓN AL ANGEL DE LA GUARDA

Guardián de mi Alma, dulce defensor mío, asísteme y socórreme en mis momentos de debilidad, si es en el día, defiende mis pasos; si es en la noche, visita mi sueño. Mantén, mi Alma despierta y preparada para el encuentro con el Padre. Amén.

3. ORACIÓN DE LAS LAUDES

4. PECADO DE LA GULA (REFLEXIÓN)

Tu espíritu tiene que ir acomendándose a la mortificación y tienes que ir sacrificando tu estómago. Porque la gula puede hacer que tu alma se pierda. No puedes dejar que la comida te domine, por tanto, tienes que mantener el deseo de crecer en gracia y santidad. Debes aprender a renunciar a manjares que gustan a la carne, a todo deseo desordenado de comida o bebida que van en contra de la rigidez y de la abstinencia. La gula hace que te esclavicen los gustos y deseos de este mundo, que te deleites sin medida a través de los sentidos del oído, de la vista y de lo que entra por la boca: "Ay de mí que casi siempre peco cuando cómo y bebo, sirviendo más a mi sensualidad que a mi necesidad, y buscando más deleite de mi carne que la conservación de mi vida y cuando pago la deuda al cuerpo, pago tributo de culpa al demonio".

La gula entristece al espíritu, pone torpe el entendimiento y no deja espacio para el sacrificio. Ya conocemos la gula del rico Epulón (Lc. 16,24), que comía y bebía sin medida y eso le costó el infierno, donde lo atormentaban las llamas y la sed.

Lo contrario de la gula es la templanza. Esta mortifica la carne y abraza el espíritu, va de la mano con el ayuno; permitiendo que el alma se recree y se fortalezca abriendo espacio para el deleite de Dios. La templanza te hace ser austero y medido en las cosas de este mundo. Cada vez que eres capaz de no usar lo innecesario estás viviendo para Dios.

Trata de renunciar a toda comida y bebida, que pone en juego tu salvación, ya que además de ofender a Dios faltas a la caridad con el prójimo.

Estamos viviendo en un tiempo donde se percibe que el que más tiene más vale, con un consumo desmedido de todo lo que le gusta a la carne. No se tiene medida para comer y beber, pero tampoco en el vestir. Las demasiadas tenencias van quitando el valor del sacrificio y la abstinencia. Y todo esto va más allá y en contra de las normas que nos pueden llevar al cielo. Van quitando la riqueza de usar y vivir con lo necesario. De igual modo, los olores penetrantes, los perfumes, los gimnasios y los salones, que además de quitar el brillo de la gracia, son lujos para el cuerpo y dan culto al mismo.

El hombre y la mujer de hoy, se han ido creando dioses y le han ido rindiendo culto, dejando ver que de nada vale el sacrificio, la penitencia y la oración. Pero la persona que quiere llegar al cielo, ha de desafiar las normas y las modas modernas que van quitando la lucidez de la templanza que nos lleva a la salvación.

Detente antes de acostarte, examina la historia de tu vida y has una lista de las veces que has tenido la gula como un Dios: en la comida y bebida, en compras desmedidas, en tiendas para vestir bien, cuando te has atrevido a gastar mucho dinero en perfumes que escandalizan, en gimnasios o tiendas que dejan ver otras cosas menos importantes.

Haz también una lista de los sacrificios y las penitencias que haces para agradar a Dios; de las veces que has sido capaz de abstenerte para gustar al espíritu y dar gloria a Dios, en una palabra, cuándo y cómo has vivido la templanza.

5. UNA HORA DE ADORACIÓN

ORACIÓN ANTES DE LA ADORACIÓN

Oh, Jesús mío, te adoro, te alabo, que mi alma en este momento de Adoración se esconda en tu presencia y mi corazón oculte y guarde tus dulces y tiernas miradas, como el secreto más hermoso que pueda recibir en el día de hoy. Jesús mío, creo en ti, confieso tu existencia real a través de la Eucaristía. Dame ojos para mirarte, oídos para escucharte, palabras para alabarte y un corazón para amarte. Toma lo poco que soy y lo que quiero ser, haz que sea yo en ti y tú en mí. Amén

6. SANTO ROSARIO

ORACIÓN PARA EL SANTO ROSARIO

Mi dulcísima Madre del cielo. ¡Oh mi divina majestad! envíame tu luz y tu Gracia para que en este momento que me dispongo a rezar el santo Rosario, sea yo en ti y tú en mí, que nada distraiga mis pensamientos para rezarlo con devoción y asumir en gracia los misterios del mismo. Madre Santísima, socórreme y dame tu auxilio quitándome todo lo que me puede apartar de ti. Amén.

7. EUCARISTÍA DIARIA

ORACIÓN ANTES DE TOMAR LA EUCARISTÍA

¡Oh divina Majestad! Vengo con el Alma vacía y necesitada, con hambre de ti, deseando ser llenado y alimentado con tu cuerpo y tu sangre. Nada soy y nada tengo. Tú eres todo y todo está en ti. ¡Oh grata presencia! Tú que estás en todo, ven llena esta pobre creatura de ese infinito amor que brota de ti. Amén.

8. ROSARIO DE LA MISERICORDIA 3:00 PM

ORACIÓN DE LA MISERICORDIA

Señor mío, que por las llagas de tu pasión redimiste la humanidad caída, concédeme, por la gracia del Rosario de la Misericordia, encontrar la paz de mi Alma y encomendar mi espíritu a tu puro corazón. Amén.

9. REZAR LA VÍSPERA (SI SABES COMO REZARLA) O EN SU DEFECTO MEDITAR UN SALMO CON EL MAGNÍFICAT.

CÁNTICO DE LA SANTÍSIMA VIRGEN MARÍA
(Alegría del Alma en el Señor)

Proclama mi Alma la grandeza del Señor,
se alegra mi espíritu en Dios mi salvador;
porque ha mirado la humillación de su esclava.

Desde ahora me felicitarán todas las generaciones, porque el poderoso ha hecho obras grandes por mí:

su nombre es Santo y su misericordia
llega a sus fieles de generación en generación.

Él hace proezas con su brazo:
dispersa a los soberbios de corazón,
derriba del trono a los poderosos
y enaltece a los humildes,
a los hambrientos los colma de bienes
y a los ricos despide vacíos.

Auxilia a Israel, su siervo,
acordándose de su misericordia
como lo había prometido a nuestros padres
– en favor de Abraham y su descendencia
por siempre. Gloria al… Amén. (Lc. 2, 46-55).

10. COMPLETAS

Después de un buen examen de conciencia y pedir perdón a Dios, rezar las completas (si sabes rezarla) o en su defecto rezar un salmo y luego concluir con el CÁNTICO de Simeón.

CÁNTICO DE SIMEÓN

Ahora Señor, según tus promesas, puedes dejar a tu siervo irse en paz, porque mis ojos han visto tu salvador, a quien ha presentado ante todos los pueblos: luz para alumbrar a las naciones y gloria de tu pueblo Israel. (Lc 2, 29-32).

11. ROSARIO DE LA MISERICORDIA 3:00 AM

ORACIÓN A LA DIVINA MISERICORDIA a las 3:00AM

Señor mío, permíteme ser canal de gracia, aparta de mí todo lo que me pueda separar de ti. Limpia mis pensamientos de todo lo que pueda perturbar mi corazón. Dame ojos sanos para evitar lo que no venga de ti, oídos finos para captar y oír sólo lo que alimenta mi espíritu, palabras dulces y puras, que me eleven a tu presencia. Que todo lo que piense, oiga, vea y hable, disponga mi Alma para morar en tu amor. Amén.

DÉCIMO CUARTO DÍA

1. ORACIÓN DE INICIO DEL DÍA

Me encomiendo a las tres divinas personas, Padre, Hijo y Espíritu Santo, para ejercitar mi Alma en la gracia y vivir en la pureza. Que el sacrificio, penitencia y la oración, me permitan encontrar espacio en su divina majestad y su luz me envuelva para que, en estos 33 días en gracia, pueda vivir ya con un Alma santa. Amén.

2. ORACIÓN AL ANGEL DE LA GUARDA

Guardián de mi Alma, dulce defensor mío, asísteme y socórreme en mis momentos de debilidad, si es en el día, defiende mis pasos; si es en la noche, visita mi sueño. Mantén, mi Alma despierta y preparada para el encuentro con el Padre. Amén.

3. ORACIÓN DE LAS LAUDES

4. EN EL DÍA DE HOY HARÉ EL AYUNO

ORACIÓN PARA EL AYUNO

Toma Señor mis debilidades, mi incapacidad de amar y servir. Mira mis caídas y mis lamentos. Ven fortalece mi Alma y mi espíritu. Endurece mis caminos y purifica mi corazón. Señor que por este ayuno mi Alma se mantenga en vigilia y dispuesta a vivir los misterios de la cruz. Amén.

5. UNA HORA DE ADORACIÓN

ORACIÓN ANTES DE LA ADORACIÓN

Oh, Jesús mío, te adoro, te alabo, que mi alma en este momento de Adoración se esconda en tu presencia y mi corazón oculte y guarde tus dulces y tiernas miradas, como el secreto más hermoso que pueda recibir en el día de hoy. Jesús mío, creo en ti, confieso tu existencia real a través de la Eucaristía. Dame ojos para mirarte, oídos para escucharte, palabras para alabarte y un corazón para amarte. Toma lo poco que soy y lo que quiero ser, haz que sea yo en ti y tú en mí. Amén

6. SANTO ROSARIO

ORACIÓN PARA EL SANTO ROSARIO

Mi dulcísima Madre del cielo. ¡Oh mi divina majestad! envíame tu luz y tu Gracia para que en este momento que me dispongo a rezar el santo Rosario, sea yo en ti y tú en mí, que nada distraiga mis pensamientos para rezarlo con devoción y asumir en gracia los misterios del mismo. Madre Santísima, socórreme y dame tu auxilio quitándome todo lo que me puede apartar de ti. Amén.

7. EUCARISTÍA DIARIA

ORACIÓN ANTES DE TOMAR LA EUCARISTÍA

¡Oh divina Majestad! Vengo con el Alma vacía y necesitada, con hambre de ti, deseando ser llenado y alimentado con tu cuerpo y tu sangre. Nada soy y nada tengo. Tú eres todo y todo está en ti. ¡Oh grata presencia! Tú que estás en todo, ven llena esta pobre creatura de ese infinito amor que brota de ti. Amén.

8. ROSARIO DE LA MISERICORDIA 3:00 PM

ORACIÓN DE LA MISERICORDIA

Señor mío, que por las llagas de tu pasión redimiste la humanidad caída, concédeme, por la gracia del Rosario de la Misericordia, encontrar la paz de mi Alma y encomendar mi espíritu a tu puro corazón. Amén.

9. REZAR LA VÍSPERA (SI SABES COMO REZARLA) O EN SU DEFECTO MEDITAR UN SALMO CON EL MAGNÍFICAT.

CÁNTICO DE LA SANTÍSIMA VIRGEN MARÍA (Alegría del Alma en el Señor)

Proclama mi Alma la grandeza del Señor,
se alegra mi espíritu en Dios mi salvador;
porque ha mirado la humillación de su esclava.

Desde ahora me felicitarán todas las generaciones, porque el poderoso ha hecho obras grandes por mí:

su nombre es Santo y su misericordia
llega a sus fieles de generación en generación.

Él hace proezas con su brazo:
dispersa a los soberbios de corazón,
derriba del trono a los poderosos
y enaltece a los humildes,
a los hambrientos los colma de bienes
y a los ricos despide vacíos.

Auxilia a Israel, su siervo,
acordándose de su misericordia
como lo había prometido a nuestros padres
– en favor de Abraham y su descendencia
por siempre. Gloria al… Amén. (Lc. 2, 46-55).

10. COMPLETAS

Después de un buen examen de conciencia y pedir perdón a Dios, rezar las completas (si sabes rezarla) o en su defecto rezar un salmo y luego concluir con el CÁNTICO de Simeón.

CÁNTICO DE SIMEÓN

Ahora Señor, según tus promesas, puedes dejar a tu siervo irse en paz, porque mis ojos han visto tu salvador, a quien ha presentado ante todos los pueblos: luz para alumbrar a las naciones y gloria de tu pueblo Israel. (Lc 2, 29-32).

11. ROSARIO DE LA MISERICORDIA 3:00 AM

ORACIÓN A LA DIVINA MISERICORDIA a las 3:00AM

Señor mío, permíteme ser canal de gracia, aparta de mí todo lo que me pueda separar de ti. Limpia mis pensamientos de todo lo que pueda perturbar mi corazón. Dame ojos sanos para evitar lo que no venga de ti, oídos finos para captar y oír sólo lo que alimenta mi espíritu, palabras dulces y puras, que me eleven a tu presencia. Que todo lo que piense, oiga, vea y hable, disponga mi Alma para morar en tu amor. Amén.

DÉCIMO QUINTO DÍA

1. ORACIÓN DE INICIO DEL DÍA

Me encomiendo a las tres divinas personas, Padre, Hijo y Espíritu Santo, para ejercitar mi Alma en la gracia y vivir en la pureza. Que el sacrificio, penitencia y la oración, me permitan encontrar espacio en su divina majestad y su luz me envuelva para que, en estos 33 días en gracia, pueda vivir ya con un Alma santa. Amén.

2. ORACIÓN AL ANGEL DE LA GUARDA

Guardián de mi Alma, dulce defensor mío, asísteme y socórreme en mis momentos de debilidad, si es en el día, defiende mis pasos; si es en la noche, visita mi sueño. Mantén, mi Alma despierta y preparada para el encuentro con el Padre. Amén.

3. ORACIÓN DE LAS LAUDES

4. PECADO DE LUJURIA (REFLEXIÓN)

Este pecado ha llevado a muchas almas al infierno. La lujuria es un apetito desordenado, donde se pierde la honestidad, y más que todo, se pierde la gracia. Este apetito desordenado permite que se peque de palabras, haciendo que el sujeto, mantenga conversaciones que disgusten a Dios y que el Ángel de la guarda se aparte; se peca de pensamientos, llenando el apetito sensual de deseos deshonestos e impuros que van llenando el corazón de lujuria, lo que hace que se desvíe del camino recto y tome un sendero equivocado; se peca con los actos o por obras de muchas maneras. Aquí la persona se deshumaniza y se convierte en una bestia, capaz de dañar o de hacer caer a otros por la falta de conciencia.

Los lujuriosos en el infierno tendrán horrendos castigos, el fuego infernal los abrazará, terribles tormentas los azotarán, debido a que tomaron sus lujurias para deleitarse sin temor a Dios y sin tomar en cuenta lo que ocasionaban a otros, y más a aquellos que también arrastraron a otros a deleitarse en este terrible pecado. Serán sumidos en el estanque de fuego y azufre porque se dejaron arropar por el deseo de la carne.

El hombre está creado ¨***A imagen y semejanza de Dios***¨ (Gen. 1, 26). Cuando se embrutece esta imagen y se mancha la blancura del alma, no solo se degrada el hombre como ser inteligente, lo más doloroso es que se atenta directamente contra la obra de Dios. (María trono de la Sabiduría, ed. Consuelo, Barcelona, 1994, pág.131). ¨***Y quien destruye el templo de Dios, Dios lo destruirá a él***¨ (1Cor. 3,17).

Lo contrario a la lujuria es la castidad. Se ha ido perdiendo la gracia por tanto pecado, e igual se ha ido perdiendo la gracia de la pureza. ¨***Miré hacia la tierra y sentí gran dolor ante la inmensa oscuridad que, como un manto, la cubría. La virtud de la pureza era como una perla escondida, difícil de encontrar, y estaba allí,***

oculta a los ojos del mundo como un auténtico tesoro". (cfr. María, Trono de la sabiduría, pág. 131).

Ante tantos pecados, Dios nos invita a abrazar la mortificación de todo lo que nos arrastra al infierno y vivir la perfecta castidad que solo se logra a base de sacrificio, penitencia y oración. Tenemos que mortificar lo que entra por los ojos y los oídos y lograr así alcanzar y tener un corazón puro.

5. UNA HORA DE ADORACIÓN

ORACIÓN ANTES DE LA ADORACIÓN

Oh, Jesús mío, te adoro, te alabo, que mi alma en este momento de Adoración se esconda en tu presencia y mi corazón oculte y guarde tus dulces y tiernas miradas, como el secreto más hermoso que pueda recibir en el día de hoy. Jesús mío, creo en ti, confieso tu existencia real a través de la Eucaristía. Dame ojos para mirarte, oídos para escucharte, palabras para alabarte y un corazón para amarte. Toma lo poco que soy y lo que quiero ser, haz que sea yo en ti y tú en mí. Amén

6. SANTO ROSARIO

ORACIÓN PARA EL SANTO ROSARIO

Mi dulcísima Madre del cielo. ¡Oh mi divina majestad! envíame tu luz y tu Gracia para que en este momento que me dispongo a rezar el santo Rosario,

sea yo en ti y tú en mí, que nada distraiga mis pensamientos para rezarlo con devoción y asumir en gracia los misterios del mismo. Madre Santísima, socórreme y dame tu auxilio quitándome todo lo que me puede apartar de ti. Amén.

7. EUCARISTÍA DIARIA

ORACIÓN ANTES DE TOMAR LA EUCARISTÍA

¡Oh divina Majestad! Vengo con el Alma vacía y necesitada, con hambre de ti, deseando ser llenado y alimentado con tu cuerpo y tu sangre. Nada soy y nada tengo. Tú eres todo y todo está en ti. ¡Oh grata presencia! Tú que estás en todo, ven llena esta pobre creatura de ese infinito amor que brota de ti. Amén.

8. ROSARIO DE LA MISERICORDIA 3:00 PM

ORACIÓN DE LA MISERICORDIA

Señor mío, que por las llagas de tu pasión redimiste la humanidad caída, concédeme, por la gracia del Rosario de la Misericordia, encontrar la paz de mi Alma y encomendar mi espíritu a tu puro corazón. Amén.

9. REZAR LA VÍSPERA (SI SABES COMO REZARLA) O EN SU DEFECTO MEDITAR UN SALMO CON EL MAGNÍFICAT.

CÁNTICO DE LA SANTÍSIMA VIRGEN MARÍA
(Alegría del Alma en el Señor)

Proclama mi Alma la grandeza del Señor,
se alegra mi espíritu en Dios mi salvador;
porque ha mirado la humillación de su esclava.

Desde ahora me felicitarán todas las generaciones, porque
el poderoso ha hecho obras grandes por mí:
su nombre es Santo y su misericordia
llega a sus fieles de generación en generación.

Él hace proezas con su brazo:
dispersa a los soberbios de corazón,
derriba del trono a los poderosos
y enaltece a los humildes,
a los hambrientos los colma de bienes
y a los ricos despide vacíos.

Auxilia a Israel, su siervo,
acordándose de su misericordia
como lo había prometido a nuestros padres
– en favor de Abraham y su descendencia
por siempre. Gloria al… Amén. (Lc. 2, 46-55).

10. COMPLETAS

Después de un buen examen de conciencia y pedir perdón a Dios, rezar las completas (si sabes rezarla) o en su defecto rezar un salmo y luego concluir con el CÁNTICO de Simeón.

CÁNTICO DE SIMEÓN

Ahora Señor, según tus promesas, puedes dejar a tu siervo irse en paz, porque mis ojos han visto tu salvador, a quien ha presentado ante todos los pueblos: luz para alumbrar a las naciones y gloria de tu pueblo Israel. (Lc 2, 29-32).

11. ROSARIO DE LA MISERICORDIA 3:00 AM

ORACIÓN A LA DIVINA MISERICORDIA a las 3:00AM

Señor mío, permíteme ser canal de gracia, aparta de mí todo lo que me pueda separar de ti. Limpia mis pensamientos de todo lo que pueda perturbar mi corazón. Dame ojos sanos para evitar lo que no venga de ti, oídos finos para captar y oír sólo lo que alimenta mi espíritu, palabras dulces y puras, que me eleven a tu presencia. Que todo lo que piense, oiga, vea y hable, disponga mi Alma para morar en tu amor. Amén.

DÉCIMO SEXTO DÍA

1. ORACIÓN DE INICIO DEL DÍA

Me encomiendo a las tres divinas personas, Padre, Hijo y Espíritu Santo, para ejercitar mi Alma en la gracia y vivir en la pureza. Que el sacrificio, penitencia y la oración, me permitan encontrar espacio en su divina majestad y su luz me envuelva para que, en estos 33 días en gracia, pueda vivir ya con un Alma santa. Amén.

2. ORACIÓN AL ANGEL DE LA GUARDA

Guardián de mi Alma, dulce defensor mío, asísteme y socórreme en mis momentos de debilidad, si es en el día, defiende mis pasos; si es en la noche, visita mi sueño. Mantén, mi Alma despierta y preparada para el encuentro con el Padre. Amén.

3. ORACIÓN DE LAS LAUDES

4. LA AVARICIA (REFLEXIÓN)

Hoy te invito a reflexionar sobre la avaricia. El avaricioso tiene una codicia desordenada. No tiene en cuenta al prójimo, por lo que actúa sin justicia y sin misericordia. Es el que pone todo su corazón en lo material, especialmente en el dinero. ***"Donde está tu tesoro, allí está tu corazón"*** (Mt. 6, 21).

De la avaricia nacen muchas culpas tales como: la mentira, fraudes, violencias, tiranías, pleitos, discordias, calumnias, etc. ***"La codicia es raíz de todos los males"*** (1Tim.6,10). Igual la avaricia lleva a robar lo ajeno, ya que la codicia lo hace envidioso y quiere poseer lo mejor, y más aún, es injusto y actúa sin misericordia, pues no tiene en cuenta al otro. Lo atropella sin reconocer sus derechos.

La avaricia va contra el noveno y décimo mandamiento porque codicia lo ajeno y para obtenerlo no le importa qué medio usar. Es un miserable esclavo de satanás, pues por los deseos desmedidos que tiene de riquezas, no los aprovecha ni los goza. Es como Judas al traicionar a Jesús por unas míseras monedas, queda colgado entre el cielo y la tierra, ni goza de los bienes de la tierra, ni alcanza los bienes del cielo.

Se opone a la avaricia, la generosidad. Es así que el generoso mortifica la avaricia, tomando en cuenta a los humildes y los pobres. Siempre su corazón está dispuesto y abierto para los necesitados. ***"Den y se les dará: recibirán una medida generosa, apretada, sacudida y rebosante. Porque con la medida que ustedes midan, serán medidos"***(Lc. 6, 38).

La generosidad es camino perfecto para llegar al cielo, ya que es promesa de Dios que quien tenga corazón de pobre, tendrá el cielo en herencia. ***"Felices los pobres de corazón, porque el reino de los cielos les pertenece"*** (Mt. 5, 3).

La persona generosa, no se reserva para sí, sino que siempre tiene su corazón abierto para acudir con prontitud a quien le solicita ayuda, pues es el que tiene sus oídos atentos a la voz de Dios. Es el caritativo, que disfruta haciendo el bien y se satisface viendo a los demás sonreír porque se les socorre. Es el que no da de lo que le sobra, sino como decía Santa Teresa de Calcuta: ¨Da hasta que te duela¨.

5. UNA HORA DE ADORACIÓN

ORACIÓN ANTES DE LA ADORACIÓN

Oh, Jesús mío, te adoro, te alabo, que mi alma en este momento de Adoración se esconda en tu presencia y mi corazón oculte y guarde tus dulces y tiernas miradas, como el secreto más hermoso que pueda recibir en el día de hoy. Jesús mío, creo en ti, confieso tu existencia real a través de la Eucaristía. Dame ojos para mirarte, oídos para escucharte, palabras para alabarte y un corazón para amarte. Toma lo poco que soy y lo que quiero ser, haz que sea yo en ti y tú en mí. Amén

6. SANTO ROSARIO

ORACIÓN PARA EL SANTO ROSARIO

Mi dulcísima Madre del cielo. ¡Oh mi divina majestad! envíame tu luz y tu Gracia para que en este momento que me dispongo a rezar el santo Rosario, sea yo en ti y tú en mí, que nada distraiga mis pensa-

mientos para rezarlo con devoción y asumir en gracia los misterios del mismo. Madre Santísima, socórreme y dame tu auxilio quitándome todo lo que me puede apartar de ti. Amén.

7. EUCARISTÍA DIARIA

ORACIÓN ANTES DE TOMAR LA EUCARISTÍA

¡Oh divina Majestad! Vengo con el Alma vacía y necesitada, con hambre de ti, deseando ser llenado y alimentado con tu cuerpo y tu sangre. Nada soy y nada tengo. Tú eres todo y todo está en ti. ¡Oh grata presencia! Tú que estás en todo, ven llena esta pobre creatura de ese infinito amor que brota de ti. Amén.

8. ROSARIO DE LA MISERICORDIA 3:00 PM

ORACIÓN DE LA MISERICORDIA

Señor mío, que por las llagas de tu pasión redimiste la humanidad caída, concédeme, por la gracia del Rosario de la Misericordia, encontrar la paz de mi Alma y encomendar mi espíritu a tu puro corazón. Amén.

9. REZAR LA VÍSPERA (SI SABES COMO REZARLA) O EN SU DEFECTO MEDITAR UN SALMO CON EL MAGNÍFICAT.

CÁNTICO DE LA SANTÍSIMA VIRGEN MARÍA
(Alegría del Alma en el Señor)

Proclama mi Alma la grandeza del Señor,
se alegra mi espíritu en Dios mi salvador;
porque ha mirado la humillación de su esclava.

Desde ahora me felicitarán todas las generaciones, porque
el poderoso ha hecho obras grandes por mí:
su nombre es Santo y su misericordia
llega a sus fieles de generación en generación.

Él hace proezas con su brazo:
dispersa a los soberbios de corazón,
derriba del trono a los poderosos
y enaltece a los humildes,
a los hambrientos los colma de bienes
y a los ricos despide vacíos.

Auxilia a Israel, su siervo,
acordándose de su misericordia
como lo había prometido a nuestros padres
– en favor de Abraham y su descendencia
por siempre. Gloria al… Amén. (Lc. 2, 46-55).

10. COMPLETAS

Después de un buen examen de conciencia y pedir perdón a Dios, rezar las completas (si sabes rezarla) o en su defecto rezar un salmo y luego concluir con el CÁNTICO de Simeón.

CÁNTICO DE SIMEÓN

Ahora Señor, según tus promesas, puedes dejar a tu siervo irse en paz, porque mis ojos han visto tu salvador, a quien ha presentado ante todos los pueblos: luz para alumbrar a las naciones y gloria de tu pueblo Israel. (Lc 2, 29-32).

11. ROSARIO DE LA MISERICORDIA 3:00 AM

ORACIÓN A LA DIVINA MISERICORDIA a las 3:00AM

Señor mío, permíteme ser canal de gracia, aparta de mí todo lo que me pueda separar de ti. Limpia mis pensamientos de todo lo que pueda perturbar mi corazón. Dame ojos sanos para evitar lo que no venga de ti, oídos finos para captar y oír sólo lo que alimenta mi espíritu, palabras dulces y puras, que me eleven a tu presencia. Que todo lo que piense, oiga, vea y hable, disponga mi Alma para morar en tu amor. Amén.

DÉCIMO SEPTIMO DÍA

1. ORACIÓN DE INICIO DEL DÍA

Me encomiendo a las tres divinas personas, Padre, Hijo y Espíritu Santo, para ejercitar mi Alma en la gracia y vivir en la pureza. Que el sacrificio, penitencia y la oración, me permitan encontrar espacio en su divina majestad y su luz me envuelva para que, en estos 33 días en gracia, pueda vivir ya con un Alma santa. Amén.

2. ORACIÓN AL ANGEL DE LA GUARDA

Guardián de mi Alma, dulce defensor mío, asísteme y socórreme en mis momentos de debilidad, si es en el día, defiende mis pasos; si es en la noche, visita mi sueño. Mantén, mi Alma despierta y preparada para el encuentro con el Padre. Amén.

3. ORACIÓN DE LAS LAUDES

4. PECADO DE LA IRA (REFLEXIÓN)

Este pecado desordena el ánimo y lo apetece desequilibrando la cordura. Es un apetito desordenado influenciado directamente por Satanás, pues al desordenar la conducta, la persona incurre a cometer actos que van encontra de la recta conciencia. Este pecado hace y permite-que la razón se nuble, quitando la participación correcta del corazón y permitiendo que lleguen todo tipo de pensamientos que destruyen el sano juicio y la sana tranquilidad de la persona.

La ira provoca:

✓ Pensamientos de odio al prójimo, con propósito de venganza, de que le suceda algo malo. Se deleita con el mal de los demás.

✓ Pecado de la lengua. Pronunciar palabras vengativas o injuriosas. La persona le gusta murmurar en ausencia, maldiciones, palabras altas y desentonadas con muestras de cólera, contiendas y porfías en las disputas por salir con la suya.

✓ Contra el Quinto mandamiento, como es matar, herir o maltratar al prójimo contra la razón y la justicia. Nunca hay perdón, pues solo hay deseo de venganza. La ira destruye la semejanza con Dios, inquieta la conciencia, obstruye la fuente de la Divina Misericordia, ahoga el espíritu de la devoción y los consuelos del Espíritu Santo, el cual mora y descansa en los humildes y tranquilos de corazón, y huye de los iracundos en quien mora el espíritu malo, porque la ira furiosa es frenesí del alma, locura breve y demonio que se apodera del espíritu, cuando visita que se apodera del cuerpo. El diablo está muy cerca de los que llevan ira, pues es camino seguro para atizar el fuego del infierno. Es así que te invito a alejar de ti, cualquier impulso de ira. Debes huir de cualquier movimiento de ira, ya que esta te puede introducir a cohabitar con un demonio. Es mejor reprimirla con la dulce compañía y auxilio de Dios. Así no encontrará terreno en ti para crecer. (cfr. Pág. 227. Luis Fuente).

Mortificar la ira trae dos hermosas virtudes: la mansedumbre y la paciencia. La primera refrena la ira para sufrir los agravios que recibe. La primera nos hace afables con todos; la segunda para que suframos de todo.

La mansedumbre y la paciencia nos dan señorío y posesión quieta y pacífica de nosotros mismos y de nuestras pasiones; ***"Porque los mansos poseen la tierra"*** (Mt. 5,4), y con paciencia poseemos nuestras almas (Lc.21,19) y alcanzamos paz de paciencia, con alegría cordial de espíritu. (Pág. 228).

La mansedumbre nos hace amables y la paciencia nos hace admirables, porque el que hace sus obras con mansedumbre es amado. Quien tiene valor para reprimir la ira y sufrir el agravio, acredita su persona y edifica al prójimo.

Mejor y más agradable y admirable el paciente que el fuerte, y el que vence su ánimo que quien conquista el mundo (cfr. Prov.16,32).

La mansedumbre y la paciencia nos hace amables a Dios y nos dan entrada al trato familiar con su majestad, y así, la falta de ellas nos cierra la puerta al Divino Señor.

5. UNA HORA DE ADORACIÓN

ORACIÓN ANTES DE LA ADORACIÓN

Oh, Jesús mío, te adoro, te alabo, que mi alma en este momento de Adoración se esconda en tu presencia y mi corazón oculte y guarde tus dulces y tiernas miradas, como el secreto más hermoso que pueda recibir en el día de hoy. Jesús mío, creo en ti, confieso tu existencia real a través de la Eucaristía. Dame ojos para mirarte, oídos para escucharte, palabras para alabarte y un corazón para amarte. Toma lo poco que soy y lo que quiero ser, haz que sea yo en ti y tú en mí. Amén

6. SANTO ROSARIO

ORACIÓN PARA EL SANTO ROSARIO

Mi dulcísima Madre del cielo. ¡Oh mi divina majestad! envíame tu luz y tu Gracia para que en este momento que me dispongo a rezar el santo Rosario, sea yo en ti y tú en mí, que nada distraiga mis pensamientos para rezarlo con devoción y asumir en gracia los misterios del mismo. Madre Santísima, socórreme y dame tu auxilio quitándome todo lo que me puede apartar de ti. Amén.

7. EUCARISTÍA DIARIA

ORACIÓN ANTES DE TOMAR LA EUCARISTÍA

¡Oh divina Majestad! Vengo con el Alma vacía y necesitada, con hambre de ti, deseando ser llenado

y alimentado con tu cuerpo y tu sangre. Nada soy y nada tengo. Tú eres todo y todo está en ti. ¡Oh grata presencia! Tú que estás en todo, ven llena esta pobre creatura de ese infinito amor que brota de ti. Amén.

8. ROSARIO DE LA MISERICORDIA 3:00 PM

ORACIÓN DE LA MISERICORDIA

Señor mío, que por las llagas de tu pasión redimiste la humanidad caída, concédeme, por la gracia del Rosario de la Misericordia, encontrar la paz de mi Alma y encomendar mi espíritu a tu puro corazón. Amén.

9. REZAR LA VÍSPERA (SI SABES COMO REZARLA) O EN SU DEFECTO MEDITAR UN SALMO CON EL MAGNÍFICAT.

CÁNTICO DE LA SANTÍSIMA VIRGEN MARÍA (Alegría del Alma en el Señor)

Proclama mi Alma la grandeza del Señor,
se alegra mi espíritu en Dios mi salvador;
porque ha mirado la humillación de su esclava.

Desde ahora me felicitarán todas las generaciones, porque
el poderoso ha hecho obras grandes por mí:
su nombre es Santo y su misericordia
llega a sus fieles de generación en generación.

Él hace proezas con su brazo:

dispersa a los soberbios de corazón,
derriba del trono a los poderosos
y enaltece a los humildes,
a los hambrientos los colma de bienes
y a los ricos despide vacíos.

Auxilia a Israel, su siervo,
acordándose de su misericordia
como lo había prometido a nuestros padres
– en favor de Abraham y su descendencia
por siempre. Gloria al… Amén. (Lc. 2, 46-55).

10. COMPLETAS

Después de un buen examen de conciencia y pedir perdón a Dios, rezar las completas (si sabes rezarla) o en su defecto rezar un salmo y luego concluir con el CÁNTICO de Simeón.

CÁNTICO DE SIMEÓN

Ahora Señor, según tus promesas, puedes dejar a tu siervo irse en paz, porque mis ojos han visto tu salvador, a quien ha presentado ante todos los pueblos: luz para alumbrar a las naciones y gloria de tu pueblo Israel. (Lc 2, 29-32).

11. ROSARIO DE LA MISERICORDIA 3:00 AM

ORACIÓN A LA DIVINA MISERICORDIA a las 3:00AM

Señor mío, permíteme ser canal de gracia, aparta de mí todo lo que me pueda separar de ti. Limpia mis pensamientos de todo lo que pueda perturbar mi corazón. Dame ojos sanos para evitar lo que no venga de ti, oídos finos para captar y oír sólo lo que alimenta mi espíritu, palabras dulces y puras, que me eleven a tu presencia. Que todo lo que piense, oiga, vea y hable, disponga mi Alma para morar en tu amor. Amén.

DÉCIMO OCTAVO DÍA

1. ORACIÓN DE INICIO DEL DÍA

Me encomiendo a las tres divinas personas, Padre, Hijo y Espíritu Santo, para ejercitar mi Alma en la gracia y vivir en la pureza. Que el sacrificio, penitencia y la oración, me permitan encontrar espacio en su divina majestad y su luz me envuelva para que, en estos 33 días en gracia, pueda vivir ya con un Alma santa. Amén.

2. ORACIÓN AL ANGEL DE LA GUARDA

Guardián de mi Alma, dulce defensor mío, asísteme y socórreme en mis momentos de debilidad, si es en el día, defiende mis pasos; si es en la noche, visita mi sueño. Mantén, mi Alma despierta y preparada para el encuentro con el Padre. Amén.

3. ORACIÓN DE LAS LAUDES

4. AYUNO Y REFLEXIÓN SOBRE LA ENVIDIA

Este pecado capital presenta una tristeza desordenada por el bien del prójimo. La envidia nace de la soberbia y es hermana de la ira. Le acompañan los actos desordenados y diabólicos de estos dos vicios (Soberbia e ira). Llega a odiar o aborrecer al prójimo porque no posee sus bienes, es decir, los bienes de los demás, lo entristecen. Se goza con el mal de los demás. Critica de él y busca la forma de hundirlo y de hacerle la vida imposible, impidiéndole que crezca o que disfrute de bienes temporales. Esta se nos hace ver:

✓ La envidia más grosera, es por ver que los demás te aventajen en bienes temporales y materiales.

✓ La envidia basada en el conocimiento y la ciencia, las habilidades y el arte, es decir, lo que permite el conocimiento. Se da mucho entre profesionales y de igual modo entre familias.

✓ La envidia basada en las virtudes y bienes espirituales. Se envidian los dones y eso provoca un disgusto interior que obstaculiza el crecimiento y la fuerza viva de la gracia de Dios. Se envidia la forma del desenvolvimiento de las virtudes y de los dones.

Males que nacen de la envidia.

✓ Es un soplo venenoso de la serpiente infernal que lanza todo el veneno junto e induce a oscurecer la razón, embraveciendo el alma, alterando el cuerpo y pudriendo los huesos (cfr. Prov.14,30) y destruyendo las virtudes del corazón.

✓ Deforma la conciencia y la vuelve engañosa y cruel. Siempre desconfía de Dios y de los demás. Los envidiosos con rabia caerán al infierno y se convertirán contra sí mismo, mordiendo su carne: y el cruel gusano que muerde su conciencia aguzará los dientes con la envidia, acordándose de los bienes que perdieron.

✓ La envidia es tan mala y cruel que todas las cosas se convierten en un daño. "De los bienes ajenos saca espíritu de tristeza que seca sus huesos" (Prov.17,22).

Bienes de la mortificación de la envidia.

✓ La envidia es contraria a la caridad. Mientras que la envidia es desear los bienes del otro, la caridad se alegra con ellos y los disfruta como si fueran propios. Además, es desear que el otro tenga lo que yo tengo y aún mucho más.

✓ Además, tenemos que la generosidad de ánimo cristiano es querer más el gusto de Dios que el mío, y la gloria de Dios más que la mía, y que ésta se extiende a mucho más.

✓ La caridad fraterna, al contrario de la envidia, de todas las cosas saca bien para sí, porque gozándose de los bienes del prójimo, los hace propios, y doliéndose de sus males, me librará de ellos; porque con tales actos me dispongo para que Dios me dé los unos y me libre de los otros en la forma que más me conviene.

✓ Los frutos de la caridad son paz y gozo en el Espíritu Santo. Comenzaré desde la tierra a gustar de lo que hay en el cielo, a donde todos los bienaventurados están contentos participando de todo el gozo de los bienaventurados.

ORACIÓN PARA EL AYUNO

Toma Señor mis debilidades, mi incapacidad de amar y servir. Mira mis caídas y mis lamentos. Ven fortalece mi Alma y mi espíritu. Endurece mis caminos y purifica mi corazón. Señor que por este ayuno mi Alma se mantenga en vigilia y dispuesta a vivir los misterios de la cruz. Amén.

5. UNA HORA DE ADORACIÓN

ORACIÓN ANTES DE LA ADORACIÓN

Oh, Jesús mío, te adoro, te alabo, que mi alma en este momento de Adoración se esconda en tu presencia y mi corazón oculte y guarde tus dulces y tiernas miradas, como el secreto más hermoso que pueda recibir en el día de hoy. Jesús mío, creo en ti, confieso tu existencia real a través de la Eucaristía. Dame ojos para mirarte, oídos para escucharte, palabras para alabarte y un corazón para amarte. Toma lo poco que soy y lo que quiero ser, haz que sea yo en ti y tú en mí. Amén

6. SANTO ROSARIO

ORACIÓN PARA EL SANTO ROSARIO

Mi dulcísima Madre del cielo. ¡Oh mi divina majestad! envíame tu luz y tu Gracia para que en este momento que me dispongo a rezar el santo Rosario, sea yo en ti y tú en mí, que nada distraiga mis pensamientos para rezarlo con devoción y asumir en gracia los misterios del mismo. Madre Santísima, socórreme y dame tu auxilio quitándome todo lo que me puede apartar de ti. Amén.

7. EUCARISTÍA DIARIA

ORACIÓN ANTES DE TOMAR LA EUCARISTÍA

¡Oh divina Majestad! Vengo con el Alma vacía y necesitada, con hambre de ti, deseando ser llenado y alimentado con tu cuerpo y tu sangre. Nada soy y nada tengo. Tú eres todo y todo está en ti. ¡Oh grata presencia! Tú que estás en todo, ven llena esta pobre creatura de ese infinito amor que brota de ti. Amén.

8. ROSARIO DE LA MISERICORDIA 3:00 PM

ORACIÓN DE LA MISERICORDIA

Señor mío, que por las llagas de tu pasión redimiste la humanidad caída, concédeme, por la gracia del Rosario de la Misericordia, encontrar la paz de mi Alma y encomendar mi espíritu a tu puro corazón. Amén.

9. REZAR LA VÍSPERA (SI SABES COMO REZARLA) O EN SU DEFECTO MEDITAR UN SALMO CON EL MAGNÍFICAT.

CÁNTICO DE LA SANTÍSIMA VIRGEN MARÍA
(Alegría del Alma en el Señor)

Proclama mi Alma la grandeza del Señor,
se alegra mi espíritu en Dios mi salvador;
porque ha mirado la humillación de su esclava.

Desde ahora me felicitarán todas las generaciones, porque
el poderoso ha hecho obras grandes por mí:
su nombre es Santo y su misericordia
llega a sus fieles de generación en generación.

Él hace proezas con su brazo:
dispersa a los soberbios de corazón,
derriba del trono a los poderosos
y enaltece a los humildes,
a los hambrientos los colma de bienes
y a los ricos despide vacíos.

Auxilia a Israel, su siervo,
acordándose de su misericordia
como lo había prometido a nuestros padres
– en favor de Abraham y su descendencia
por siempre. Gloria al… Amén. (Lc. 2, 46-55).

10. COMPLETAS

Después de un buen examen de conciencia y pedir perdón a Dios, rezar las completas (si sabes rezarla) o en su defecto rezar un salmo y luego concluir con el CÁNTICO de Simeón.

CÁNTICO DE SIMEÓN

Ahora Señor, según tus promesas, puedes dejar a tu siervo irse en paz, porque mis ojos han visto tu salvador, a quien ha presentado ante todos los pueblos: luz para alumbrar a las naciones y gloria de tu pueblo Israel. (Lc 2, 29-32).

11. ROSARIO DE LA MISERICORDIA 3:00 AM

ORACIÓN A LA DIVINA MISERICORDIA a las 3:00AM

Señor mío, permíteme ser canal de gracia, aparta de mí todo lo que me pueda separar de ti. Limpia mis pensamientos de todo lo que pueda perturbar mi corazón. Dame ojos sanos para evitar lo que no venga de ti, oídos finos para captar y oír sólo lo que alimenta mi espíritu, palabras dulces y puras, que me eleven a tu presencia. Que todo lo que piense, oiga, vea y hable, disponga mi Alma para morar en tu amor. Amén.

DÉCIMO NOVENO DÍA

1. ORACIÓN DE INICIO DEL DÍA

Me encomiendo a las tres divinas personas, Padre, Hijo y Espíritu Santo, para ejercitar mi Alma en la gracia y vivir en la pureza. Que el sacrificio, penitencia y la oración, me permitan encontrar espacio en su divina majestad y su luz me envuelva para que, en estos 33 días en gracia, pueda vivir ya con un Alma santa. Amén.

2. ORACIÓN AL ANGEL DE LA GUARDA

Guardián de mi Alma, dulce defensor mío, asísteme y socórreme en mis momentos de debilidad, si es en el día, defiende mis pasos; si es en la noche, visita mi sueño. Mantén, mi Alma despierta y preparada para el encuentro con el Padre. Amén.

3. ORACIÓN DE LAS LAUDES

4. LA PEREZA (REFLEXIÓN)

✓ Es una tristeza desordenada y odiosa de la vida virtuosa.

✓ Lo primero es miedo al trabajo, huye de él y si lo hace, lo hace con enfado.

✓ Lo segundo. Con cobardía oculta los dones que de

Dios recibió, sin ponerlos al servicio de los demás.

✓ La pereza es flojedad para cumplir la vida virtuosa.

✓ La pereza provoca inconstancia, lo que no permite la perseverancia en la vida virtuosa.

✓ La pereza es camino fácil para caer en todo tipo de tentación, ya que no se ejercitan las virtudes.

✓ El sentir que no crece ni rinde en las obras virtuosas, entonces esto provoca indignación y celos con los que llevan una hermosa vida espiritual.

✓ Pierde la gracia otorgada por Dios para el trabajo.

✓ No se siente cómodo al trabajar, se adapta a la vaguedad y ve las cosas y el trabajo sin sentido.

✓ La pereza nos arrastra al pecado de la emisión y la negligencia, haciéndonos no asumir nuestra responsabilidad delante de Dios y los demás.

Daños que ocasiona la pereza:

✓Ocasiona una tibieza que pone en peligro la salvación del alma. Es una tibieza de muerte y muy cercana al infierno. Vacía el corazón de consuelos celestiales y lo llena de una tristeza demoníaca, abriendo morada al demonio.

✓La tristeza es provocada por la pereza, carcome las virtudes, es como puerta para que la polilla entre y dañe el corazón. "Maldita sea el que hace la obra de Dios con negligencia y fraude" (Jer.48,25).

✓Ser como el siervo flojo que enterró el talento, y perdió la posibilidad de ganar el banquete (Mt.25,18), así será castigado el perezoso en el infierno con la pena de la muerte eterna y allí será el llanto y el rechinar de dientes.

Bienes adquiridos si logras vencer la pereza:

✓Lo primero que las obras de la virtud serán fáciles y suaves. Crecerás mucho en poco tiempo, como los obreros que llegaron tarde a la viña, pero trabajaron con fervor, que merecieron tanto como los que llegaron temprano (cfr. Mt 11,30).

✓Segundo, el trabajar con fervor y alegría, hace crecer toda virtud y hace un corazón generoso y cargado de la presencia de Dios, pues "Dios ama al dador alegre" (2 Cor.9,7).

✓Tercero, Dios le permite los disfrutes de los que gozan los bienaventurados en el cielo.

5. UNA HORA DE ADORACIÓN

ORACIÓN ANTES DE LA ADORACIÓN

Oh, Jesús mío, te adoro, te alabo, que mi alma en este momento de Adoración se esconda en tu presencia y mi corazón oculte y guarde tus dulces y tiernas miradas, como el secreto más hermoso que pueda recibir en el día de hoy. Jesús mío, creo en ti, confieso tu existencia real a través de la Eucaristía. Dame ojos para mirarte, oídos para escucharte, palabras para alabarte y un corazón para amarte. Toma lo poco que soy y lo que quiero ser, haz que sea yo en ti y tú en mí. Amén

6. SANTO ROSARIO

ORACIÓN PARA EL SANTO ROSARIO

Mi dulcísima Madre del cielo. ¡Oh mi divina majestad! envíame tu luz y tu Gracia para que en este momento que me dispongo a rezar el santo Rosario, sea yo en ti y tú en mí, que nada distraiga mis pensamientos para rezarlo con devoción y asumir en gracia los misterios del mismo. Madre Santísima, socórreme y dame tu auxilio quitándome todo lo que me puede apartar de ti. Amén.

7. EUCARISTÍA DIARIA

ORACIÓN ANTES DE TOMAR LA EUCARISTÍA

¡Oh divina Majestad! Vengo con el Alma vacía y necesitada, con hambre de ti, deseando ser llenado

y alimentado con tu cuerpo y tu sangre. Nada soy y nada tengo. Tú eres todo y todo está en ti. ¡Oh grata presencia! Tú que estás en todo, ven llena esta pobre creatura de ese infinito amor que brota de ti. Amén.

8. ROSARIO DE LA MISERICORDIA 3:00 PM

ORACIÓN DE LA MISERICORDIA

Señor mío, que por las llagas de tu pasión redimiste la humanidad caída, concédeme, por la gracia del Rosario de la Misericordia, encontrar la paz de mi Alma y encomendar mi espíritu a tu puro corazón. Amén.

9. REZAR LA VÍSPERA (SI SABES COMO REZARLA) O EN SU DEFECTO MEDITAR UN SALMO CON EL MAGNÍFICAT.

CÁNTICO DE LA SANTÍSIMA VIRGEN MARÍA (Alegría del Alma en el Señor)

Proclama mi Alma la grandeza del Señor,
se alegra mi espíritu en Dios mi salvador;
porque ha mirado la humillación de su esclava.

Desde ahora me felicitarán todas las generaciones, porque
el poderoso ha hecho obras grandes por mí:
su nombre es Santo y su misericordia
llega a sus fieles de generación en generación.

Él hace proezas con su brazo:

dispersa a los soberbios de corazón,
derriba del trono a los poderosos
y enaltece a los humildes,
a los hambrientos los colma de bienes
y a los ricos despide vacíos.

Auxilia a Israel, su siervo,
acordándose de su misericordia
como lo había prometido a nuestros padres
– en favor de Abraham y su descendencia
por siempre. Gloria al… Amén. (Lc. 2, 46-55).

10. COMPLETAS

Después de un buen examen de conciencia y pedir perdón a Dios, rezar las completas (si sabes rezarla) o en su defecto rezar un salmo y luego concluir con el CÁNTICO de Simeón.

CÁNTICO DE SIMEÓN

Ahora Señor, según tus promesas, puedes dejar a tu siervo irse en paz, porque mis ojos han visto tu salvador, a quien ha presentado ante todos los pueblos: luz para alumbrar a las naciones y gloria de tu pueblo Israel. (Lc 2, 29-32).

11. ROSARIO DE LA MISERICORDIA 3:00 AM

ORACIÓN A LA DIVINA MISERICORDIA a las 3:00AM

Señor mío, permíteme ser canal de gracia, aparta de mí todo lo que me pueda separar de ti. Limpia mis pensamientos de todo lo que pueda perturbar mi corazón. Dame ojos sanos para evitar lo que no venga de ti, oídos finos para captar y oír sólo lo que alimenta mi espíritu, palabras dulces y puras, que me eleven a tu presencia. Que todo lo que piense, oiga, vea y hable, disponga mi Alma para morar en tu amor. Amén.

VIGÉSIMO DÍA

1. ORACIÓN DE INICIO DEL DÍA

Me encomiendo a las tres divinas personas, Padre, Hijo y Espíritu Santo, para ejercitar mi Alma en la gracia y vivir en la pureza. Que el sacrificio, penitencia y la oración, me permitan encontrar espacio en su divina majestad y su luz me envuelva para que, en estos 33 días en gracia, pueda vivir ya con un Alma santa. Amén.

2. ORACIÓN AL ANGEL DE LA GUARDA

Guardián de mi Alma, dulce defensor mío, asísteme y socórreme en mis momentos de debilidad, si es en el día, defiende mis pasos; si es en la noche, visita mi sueño. Mantén, mi Alma despierta y preparada para el encuentro con el Padre. Amén.

3. ORACIÓN DE LAS LAUDES

4. MEDITAR EL PRIMER MANDAMIENTO, AMAR A DIOS SOBRE TODAS LAS COSAS.

Te invito a reflexionar sobre el primer mandamiento. Este primer mandamiento bien reflexionado te ayudará a **"Dar al César lo que es del César y a Dios lo que es de Dios"** (Mt.22,21), y así nos lo hace ver el mismo Dios en el Antiguo Testamento: "Yo, soy el Señor, soy tu Dios, que te ha sacado del país de Egipto, de la casa de servidumbre.

No habrá para ti otros dioses delante de mí. No te harás escultura ni imagen alguna ni de lo que hay arriba en los cielos, ni de lo que hay abajo en la tierra, ni de lo que hay en las aguas debajo de la tierra. No te postrarás ante ellas ni les darás culto (Ex.20,2-5). Esto para indicarnos que nada nos puede apartar de esa relación primera que debe ser Dios. Nos hacemos dioses en la vida diaria que nos van separando de Dios.

Vivimos muy preocupados con tantas cosas: Qué voy a comer hoy, qué ropa voy a usar, debo ir al trabajo, no puedo llegar tarde, la comida está mala o buena, debo atender la familia, estoy cansado, debo ir de compra, me debo arreglar el pelo, hay que barrer, hay que cocinar, tengo visita, debo pagar, a qué hora vienes, que haces… miles de preguntas. Pero qué has hecho con Dios? Dónde lo has puesto? Está escrito: "Al Señor tu Dios adorarás solo, solo a él darás culto" (Mt.4,10).

Damos cultos a tantas cosas en el día, que terminamos poniendo a Dios en el último lugar. Tenemos pequeños dioses que lo vamos engrandeciendo en nuestra vida diaria: Debo ir al gimnasio diario, estoy a dieta, esa comida me engorda, ese color me encanta, debo ir al salón, debo arreglarme las uñas, etc. Pero yo te sugiero meditar que así como haces hábitos con las cosas y quehaceres diarios, debes hacerlo de manera más especial con Dios.

5. UNA HORA DE ADORACIÓN

ORACIÓN ANTES DE LA ADORACIÓN

Oh, Jesús mío, te adoro, te alabo, que mi alma en este momento de Adoración se esconda en tu presencia y mi corazón oculte y guarde tus dulces y tiernas miradas, como el secreto más hermoso que pueda recibir en el día de hoy. Jesús mío, creo en ti, confieso tu existencia real a través de la Eucaristía. Dame ojos para mirarte, oídos para escucharte, palabras para alabarte y un corazón para amarte. Toma lo poco que soy y lo que quiero ser, haz que sea yo en ti y tú en mí. Amén

6. SANTO ROSARIO

ORACIÓN PARA EL SANTO ROSARIO

Mi dulcísima Madre del cielo. ¡Oh mi divina majestad! envíame tu luz y tu Gracia para que en este momento que me dispongo a rezar el santo Rosario, sea yo en ti y tú en mí, que nada distraiga mis pensamientos para rezarlo con devoción y asumir en gracia los misterios del mismo. Madre Santísima, socórreme y dame tu auxilio quitándome todo lo que me puede apartar de ti. Amén.

7. EUCARISTÍA DIARIA

ORACIÓN ANTES DE TOMAR LA EUCARISTÍA

¡Oh divina Majestad! Vengo con el Alma vacía y necesitada, con hambre de ti, deseando ser llenado y alimentado con tu cuerpo y tu sangre. Nada soy y

nada tengo. Tú eres todo y todo está en ti. ¡Oh grata presencia! Tú que estás en todo, ven llena esta pobre creatura de ese infinito amor que brota de ti. Amén.

8. ROSARIO DE LA MISERICORDIA 3:00 PM

ORACIÓN DE LA MISERICORDIA

Señor mío, que por las llagas de tu pasión redimiste la humanidad caída, concédeme, por la gracia del Rosario de la Misericordia, encontrar la paz de mi Alma y encomendar mi espíritu a tu puro corazón. Amén.

9. REZAR LA VÍSPERA (SI SABES COMO REZARLA) O EN SU DEFECTO MEDITAR UN SALMO CON EL MAGNÍFICAT.

CÁNTICO DE LA SANTÍSIMA VIRGEN MARÍA (Alegría del Alma en el Señor)

Proclama mi Alma la grandeza del Señor,
se alegra mi espíritu en Dios mi salvador;
porque ha mirado la humillación de su esclava.

Desde ahora me felicitarán todas las generaciones, porque
el poderoso ha hecho obras grandes por mí:
su nombre es Santo y su misericordia
llega a sus fieles de generación en generación.

Él hace proezas con su brazo:
dispersa a los soberbios de corazón,

derriba del trono a los poderosos
y enaltece a los humildes,
a los hambrientos los colma de bienes
y a los ricos despide vacíos.

Auxilia a Israel, su siervo,
acordándose de su misericordia
como lo había prometido a nuestros padres
– en favor de Abraham y su descendencia
por siempre. Gloria al… Amén. (Lc. 2, 46-55).

11. COMPLETAS

Después de un buen examen de conciencia y pedir perdón a Dios, rezar las completas (si sabes rezarla) o en su defecto rezar un salmo y luego concluir con el CÁNTICO de Simeón.

CÁNTICO DE SIMEÓN

Ahora Señor, según tus promesas, puedes dejar a tu siervo irse en paz, porque mis ojos han visto tu salvador, a quien ha presentado ante todos los pueblos: luz para alumbrar a las naciones y gloria de tu pueblo Israel. (Lc 2, 29-32).

13. ROSARIO DE LA MISERICORDIA 3:00 AM

ORACIÓN A LA DIVINA MISERICORDIA a las 3:00AM

Señor mío, permíteme ser canal de gracia, aparta de mí todo lo que me pueda separar de ti. Limpia mis pensamientos de todo lo que pueda perturbar mi corazón. Dame ojos sanos para evitar lo que no venga de ti, oídos finos para captar y oír sólo lo que alimenta mi espíritu, palabras dulces y puras, que me eleven a tu presencia. Que todo lo que piense, oiga, vea y hable, disponga mi Alma para morar en tu amor. Amén.

VIGÉSIMO PRIMER DÍA

1. ORACIÓN DE INICIO DEL DÍA

Me encomiendo a las tres divinas personas, Padre, Hijo y Espíritu Santo, para ejercitar mi Alma en la gracia y vivir en la pureza. Que el sacrificio, penitencia y la oración, me permitan encontrar espacio en su divina majestad y su luz me envuelva para que, en estos 33 días en gracia, pueda vivir ya con un Alma santa. Amén.

2. ORACIÓN AL ANGEL DE LA GUARDA

Guardián de mi Alma, dulce defensor mío, asísteme y socórreme en mis momentos de debilidad, si es en el día, defiende mis pasos; si es en la noche, visita mi sueño. Mantén, mi Alma despierta y preparada para el encuentro con el Padre. Amén.

3. ORACIÓN DE LAS LAUDES

4. LOS DONES DEL ESPIRITU

Después de haber reflexionado sobre los siete pecados capitales, ya tu alma debe experimentar un cambio en todos los ámbitos de tu vida espiritual. Tienes un amplio conocimiento de lo que puede ser tu vida pecaminoso, pero también, ya sabes cómo vencer, pues tienes suficientes herramientas para usarlas.

Ya estás en la última etapa de estos ejercicios espirituales y tu crecimiento es notable ahora. Para que puedas sentir volar en el espíritu, te hago reflexionar sobre los siete dones del espíritu.

Debes detenerte y pedir con devoción a Dios, a través del Espíritu Santo, a tu Ángel de la guarda y a tus Santos de devoción que te concedan la dulce gracia de conseguir cada don, según las orientaciones indicadas. Esto te permitirá llenartu alma y tu corazón sólo de Dios.

5. MEDITAR SOBRE EL DON DE LA SABIDURIA

Hay dos tipos de sabiduría que nos hace conocer de las cosas creadas. La primera viene por la ciencia y se queda en la ciencia o en lo carnal. La segunda y en la que debes reflexionar, la sabiduría que viene de Dios nos hace conocer de Dios y gustar de Dios. La fuerza de esta sabiduría es La Palabra de Dios que nos lleva a conocer los misterios ocultos para este mundo, pero que están a la luz para aquellos que saborean los deleites de la vida divina. Ella es la madre del amor, del temor, de la ciencia y de la santa esperanza, (cfr. Fernández Carvajal, Francisco: "Antología de textos para hacer oración y para la predicación", Ed. Palabra, 12 edición, 1997, Pág. 1273).

Dile a Dios que te haga sabio para no desviarte de su camino. Dios dota de sabiduría, aquel que ha decidido recorrer su camino lleno de bondad.

Ejercicio:

Pide la compañía de la Santísima Virgen María, la de tu Ángel de la guarda y la de tu Santo de Devoción. Luego frente a Jesús Eucaristía lee (Jn. 8, 1ss) y pide el don de la sabiduría.

6. UNA HORA DE ADORACIÓN

ORACIÓN ANTES DE LA ADORACIÓN

Oh, Jesús mío, te adoro, te alabo, que mi alma en este momento de Adoración se esconda en tu presencia y mi corazón oculte y guarde tus dulces y tiernas miradas, como el secreto más hermoso que pueda recibir en el día de hoy. Jesús mío, creo en ti, confieso tu existencia real a través de la Eucaristía. Dame ojos para mirarte, oídos para escucharte, palabras para alabarte y un corazón para amarte. Toma lo poco que soy y lo que quiero ser, haz que sea yo en ti y tú en mí. Amén

7. SANTO ROSARIO

ORACIÓN PARA EL SANTO ROSARIO

Mi dulcísima Madre del cielo. ¡Oh mi divina majestad! envíame tu luz y tu Gracia para que en este momento que me dispongo a rezar el santo Rosario, sea yo en ti y tú en mí, que nada distraiga mis pensamientos para rezarlo con devoción y asumir en gracia los misterios del mismo. Madre Santísima, socórreme

y dame tu auxilio quitándome todo lo que me puede apartar de ti. Amén.

8. EUCARISTÍA DIARIA

ORACIÓN ANTES DE TOMAR LA EUCARISTÍA

¡Oh divina Majestad! Vengo con el Alma vacía y necesitada, con hambre de ti, deseando ser llenado y alimentado con tu cuerpo y tu sangre. Nada soy y nada tengo. Tú eres todo y todo está en ti. ¡Oh grata presencia! Tú que estás en todo, ven llena esta pobre creatura de ese infinito amor que brota de ti. Amén.

9. ROSARIO DE LA MISERICORDIA 3:00 PM

ORACIÓN DE LA MISERICORDIA

Señor mío, que por las llagas de tu pasión redimiste la humanidad caída, concédeme, por la gracia del Rosario de la Misericordia, encontrar la paz de mi Alma y encomendar mi espíritu a tu puro corazón. Amén.

10. REZAR LA VÍSPERA (SI SABES COMO REZARLA) O EN SU DEFECTO MEDITAR UN SALMO CON EL MAGNÍFICAT.

CÁNTICO DE LA SANTÍSIMA VIRGEN MARÍA
(Alegría del Alma en el Señor)

Proclama mi Alma la grandeza del Señor,
se alegra mi espíritu en Dios mi salvador;

porque ha mirado la humillación de su esclava.

Desde ahora me felicitarán todas las generaciones, porque
el poderoso ha hecho obras grandes por mí:
su nombre es Santo y su misericordia
llega a sus fieles de generación en generación.

Él hace proezas con su brazo:
dispersa a los soberbios de corazón,
derriba del trono a los poderosos
y enaltece a los humildes,
a los hambrientos los colma de bienes
y a los ricos despide vacíos.

Auxilia a Israel, su siervo,
acordándose de su misericordia
como lo había prometido a nuestros padres
– en favor de Abraham y su descendencia
por siempre. Gloria al… Amén. (Lc. 2, 46-55).

11. COMPLETAS

Después de un buen examen de conciencia y pedir perdón a Dios, rezar las completas (si sabes rezarla) o en su defecto rezar un salmo y luego concluir con el CÁNTICO de Simeón.

CÁNTICO DE SIMEÓN

Ahora Señor, según tus promesas, puedes dejar a tu siervo irse en paz, porque mis ojos han visto tu sal-

vador, a quien ha presentado ante todos los pueblos: luz para alumbrar a las naciones y gloria de tu pueblo Israel. (Lc 2, 29-32).

12. ROSARIO DE LA MISERICORDIA 3:00 AM

ORACIÓN A LA DIVINA MISERICORDIA a las 3:00AM

Señor mío, permíteme ser canal de gracia, aparta de mí todo lo que me pueda separar de ti. Limpia mis pensamientos de todo lo que pueda perturbar mi corazón. Dame ojos sanos para evitar lo que no venga de ti, oídos finos para captar y oír sólo lo que alimenta mi espíritu, palabras dulces y puras, que me eleven a tu presencia. Que todo lo que piense, oiga, vea y hable, disponga mi Alma para morar en tu amor. Amén.

VIGÉSIMO SEGUNDO DÍA

1. ORACIÓN DE INICIO DEL DÍA

Me encomiendo a las tres divinas personas, Padre, Hijo y Espíritu Santo, para ejercitar mi Alma en la gracia y vivir en la pureza. Que el sacrificio, penitencia y la oración, me permitan encontrar espacio en su divina majestad y su luz me envuelva para que, en estos 33 días en gracia, pueda vivir ya con un Alma santa. Amén.

2. ORACIÓN AL ANGEL DE LA GUARDA

Guardián de mi Alma, dulce defensor mío, asísteme y socórreme en mis momentos de debilidad, si es en el día, defiende mis pasos; si es en la noche, visita mi sueño. Mantén, mi Alma despierta y preparada para el encuentro con el Padre. Amén.

3. ORACIÓN DE LAS LAUDES

4. EN EL DÍA DE HOY HARÉ EL AYUNO

ORACIÓN PARA EL AYUNO

Toma Señor mis debilidades, mi incapacidad de amar y servir. Mira mis caídas y mis lamentos. Ven fortalece mi Alma y mi espíritu. Endurece mis caminos y purifica mi corazón. Señor que por este ayuno mi Alma se mantenga en vigilia y dispuesta a vivir los misterios de la cruz. Amén.

5. MEDITAR SOBRE EL DON DE ENTENDIMIENTO

Es una gracia poseer este don, pues a través de él, aprendemos a escrutar y discernir La Palabra de Dios, como también, por Él podemos entender las virtudes reveladas. Nos ayuda a ver lo que Dios nos quiere decir o mostrar (cfr. Jer. 24,7).

El entendimiento es recibir la luz de Espíritu que llega por gracia de Dios y llena el alma, la cual es capacitada para reflejarse en el corazón lleno de la bondad de Dios.

Es el espíritu quien habla, quien escucha, quien capacita, por el amor que pone el hombre en Dios: ***"Habéis sido enriquecidos en todo, en toda palabra y en todo conocimiento"***(1Cor. 1, 5).

Te ruego pedir con mucha humildad este don, para que puedas penetrar a los misterios escondidos de Dios. ***"No dejamos nosotros de rogar por vosotros y de pedir que lleguéis al pleno conocimiento de su voluntad, con toda sabiduría y entendimiento espiritual, para que viváis de una manera digna del Señor, agrandándolo en todo"*** (Col.1, 9-10).

Los santos gozan fervientemente de este don, pues contemplar en pura fe las verdades divinas y disfrutan por entendimiento y por la gracia del espíritu derramada en ellos, de los misterios que humanamente no se pueden alcanzar.

Ejercicio:

Pide la compañía del Espíritu Santo, de la Santísima Virgen María (elige la advocación a la que seas devoto), la compañía de tu Ángel de la guarda y de la de tu Santo de devoción más cercano para que te acompañen en tu súplica de pedir el don del entendimiento.

Lee un texto bíblico y medítalo, puede ser el Evangelio del día, u otro que quieras elegir y después de leer, en el silencio de tu alma, pide recibir el don del entendimiento, frente a Jesús Sacramentado sólo con Él.

6. UNA HORA DE ADORACIÓN

ORACIÓN ANTES DE LA ADORACIÓN

Oh, Jesús mío, te adoro, te alabo, que mi alma en este momento de Adoración se esconda en tu presencia y mi corazón oculte y guarde tus dulces y tiernas miradas, como el secreto más hermoso que pueda recibir en el día de hoy. Jesús mío, creo en ti, confieso tu existencia real a través de la Eucaristía. Dame ojos para mirarte, oídos para escucharte, palabras para alabarte y un corazón para amarte. Toma lo poco que soy y lo que quiero ser, haz que sea yo en ti y tú en mí. Amén

7. SANTO ROSARIO

ORACIÓN PARA EL SANTO ROSARIO

Mi dulcísima Madre del cielo. ¡Oh mi divina majestad! envíame tu luz y tu Gracia para que en este momento que me dispongo a rezar el santo Rosario, sea yo en ti y tú en mí, que nada distraiga mis pensamientos para rezarlo con devoción y asumir en gracia los misterios del mismo. Madre Santísima, socórreme y dame tu auxilio quitándome todo lo que me puede apartar de ti. Amén.

8. EUCARISTÍA DIARIA

ORACIÓN ANTES DE TOMAR LA EUCARISTÍA

¡Oh divina Majestad! Vengo con el Alma vacía y necesitada, con hambre de ti, deseando ser llenado y alimentado con tu cuerpo y tu sangre. Nada soy y nada tengo. Tú eres todo y todo está en ti. ¡Oh grata presencia! Tú que estás en todo, ven llena esta pobre creatura de ese infinito amor que brota de ti. Amén.

9. ROSARIO DE LA MISERICORDIA 3:00 PM

ORACIÓN DE LA MISERICORDIA

Señor mío, que por las llagas de tu pasión redimiste la humanidad caída, concédeme, por la gracia del Rosario de la Misericordia, encontrar la paz de mi Alma y encomendar mi espíritu a tu puro corazón. Amén.

10. REZAR LA VÍSPERA (SI SABES COMO REZARLA) O EN SU DEFECTO MEDITAR UN SALMO CON EL MAGNÍFICAT.

CÁNTICO DE LA SANTÍSIMA VIRGEN MARÍA
(Alegría del Alma en el Señor)

Proclama mi Alma la grandeza del Señor,
se alegra mi espíritu en Dios mi salvador;
porque ha mirado la humillación de su esclava.

Desde ahora me felicitarán todas las generaciones, porque
el poderoso ha hecho obras grandes por mí:
su nombre es Santo y su misericordia
llega a sus fieles de generación en generación.

Él hace proezas con su brazo:
dispersa a los soberbios de corazón,
derriba del trono a los poderosos
y enaltece a los humildes,
a los hambrientos los colma de bienes
y a los ricos despide vacíos.

Auxilia a Israel, su siervo,
acordándose de su misericordia
como lo había prometido a nuestros padres
– en favor de Abraham y su descendencia
por siempre. Gloria al… Amén. (Lc. 2, 46-55).

11. COMPLETAS

Después de un buen examen de conciencia y pedir perdón a Dios, rezar las completas (si sabes rezarla) o en su defecto rezar un salmo y luego concluir con el CÁNTICO de Simeón.

CÁNTICO DE SIMEÓN

Ahora Señor, según tus promesas, puedes dejar a tu siervo irse en paz, porque mis ojos han visto tu salvador, a quien ha presentado ante todos los pueblos: luz para alumbrar a las naciones y gloria de tu pueblo Israel. (Lc 2, 29-32).

12. ROSARIO DE LA MISERICORDIA 3:00 AM

ORACIÓN A LA DIVINA MISERICORDIA a las 3:00AM

Señor mío, permíteme ser canal de gracia, aparta de mí todo lo que me pueda separar de ti. Limpia mis pensamientos de todo lo que pueda perturbar mi corazón. Dame ojos sanos para evitar lo que no venga de ti, oídos finos para captar y oír sólo lo que alimenta mi espíritu, palabras dulces y puras, que me eleven a tu presencia. Que todo lo que piense, oiga, vea y hable, disponga mi Alma para morar en tu amor. Amén.

VIGÉSIMO TERCER DÍA

1. ORACIÓN DE INICIO DEL DÍA

Me encomiendo a las tres divinas personas, Padre, Hijo y Espíritu Santo, para ejercitar mi Alma en la gracia y vivir en la pureza. Que el sacrificio, penitencia y la oración, me permitan encontrar espacio en su divina majestad y su luz me envuelva para que, en estos 33 días en gracia, pueda vivir ya con un Alma santa. Amén.

2. ORACIÓN AL ANGEL DE LA GUARDA

Guardián de mi Alma, dulce defensor mío, asísteme y socórreme en mis momentos de debilidad, si es en el día, defiende mis pasos; si es en la noche, visita mi sueño. Mantén, mi Alma despierta y preparada para el encuentro con el Padre. Amén.

3. ORACIÓN DE LAS LAUDES

4. MEDITAR SOBRE EL DON DEL CONSEJO

Solo los que están llenos de Dios, pueden aconsejar desde el espíritu y recibir desde el mismo espíritu abundancias de palabras que vienen desde el corazón de Dios para llenar el corazón de los que desde el espíritu se abren a Dios.

El don de consejo es una gracia especial que Dios concede a los que viven en el espíritu y actúan desde él, por lo que toman decisiones desde el mismo espíritu, sin caer en lo humano. Su discernimiento, que es constante, le permite ser casa de Dios, sagrario de la gracia y templo del Espíritu Santo.

Así su alma se asentará en lo sobre natural y lo que viva sea de Dios y para Dios; lo que hable, sea edificante para él. (ella), para el prójimo y para la Iglesia; sus ojos, al mirar, sólo contemplando lo negativo, lo trasforman para el crecimiento y pureza de su alma y lo positivo, le hace ver la grandeza de Dios en todo. Sus oídos, lo prestan a Dios, para todo lo que llega al corazón, convertirlos en música que enaltece la grandeza de Dios, sintonizando con lo más sublime de Dios.

El don de consejo nos permite seguridad en la vida espiritual y nos ayuda con gratitud, con prontitud, a tener respuesta de Dios cuando la solicitamos, es decir, nos permite estar en diálogo permanente con Dios.

Ejercicio:

Pide al Espíritu Santo y a la Virgen María, al Ángel de la guarda y a tu Santo de devoción que te acompañe a estar frente a Jesús Sacramentado, en el profundo silencio de tu alma.

Déjate llenar por su presencia celestial, permitir que Jesús pueda tener un espacio en tu corazón, como si tú estuvieras en una habitación y esperaras a alguien. Hay dos sillas, la tuya, que ya está ocupada por ti, pero la otra está vacía. Esta es la de Jesús, ahí en el espacio profundo del silencio, dile que venga y se siente contigo, a dialogar cosas que sólo tú y El conocen. Quédate el tiempo que creas con El.

Terminado este diálogo y espacio, te invito a describir el momento en una libreta, será para tu vivencia personal. Ya aquí comenzarás a vivir experiencias hermosas con Jesús.

5. UNA HORA DE ADORACIÓN

ORACIÓN ANTES DE LA ADORACIÓN

Oh, Jesús mío, te adoro, te alabo, que mi alma en este momento de Adoración se esconda en tu presencia y mi corazón oculte y guarde tus dulces y tiernas miradas, como el secreto más hermoso que pueda recibir en el día de hoy. Jesús mío, creo en ti, confieso tu existencia real a través de la Eucaristía. Dame ojos para mirarte, oídos para escucharte, palabras para alabarte y un corazón para amarte. Toma lo poco que soy y lo que quiero ser, haz que sea yo en ti y tú en mí. Amén

6. SANTO ROSARIO

ORACIÓN PARA EL SANTO ROSARIO

Mi dulcísima Madre del cielo. ¡Oh mi divina majestad! envíame tu luz y tu Gracia para que en este

momento que me dispongo a rezar el santo Rosario, sea yo en ti y tú en mí, que nada distraiga mis pensamientos para rezarlo con devoción y asumir en gracia los misterios del mismo. Madre Santísima, socórreme y dame tu auxilio quitándome todo lo que me puede apartar de ti. Amén.

7. EUCARISTÍA DIARIA

ORACIÓN ANTES DE TOMAR LA EUCARISTÍA

¡Oh divina Majestad! Vengo con el Alma vacía y necesitada, con hambre de ti, deseando ser llenado y alimentado con tu cuerpo y tu sangre. Nada soy y nada tengo. Tú eres todo y todo está en ti. ¡Oh grata presencia! Tú que estás en todo, ven llena esta pobre creatura de ese infinito amor que brota de ti. Amén.

8. ROSARIO DE LA MISERICORDIA 3:00 PM

ORACIÓN DE LA MISERICORDIA

Señor mío, que por las llagas de tu pasión redimiste la humanidad caída, concédeme, por la gracia del Rosario de la Misericordia, encontrar la paz de mi Alma y encomendar mi espíritu a tu puro corazón. Amén.

9. REZAR LA VÍSPERA (SI SABES COMO REZARLA) O EN SU DEFECTO MEDITAR UN SALMO CON EL MAGNÍFICAT.

CÁNTICO DE LA SANTÍSIMA VIRGEN MARÍA
(Alegría del Alma en el Señor)

Proclama mi Alma la grandeza del Señor,
se alegra mi espíritu en Dios mi salvador;
porque ha mirado la humillación de su esclava.

Desde ahora me felicitarán todas las generaciones, porque
el poderoso ha hecho obras grandes por mí:
su nombre es Santo y su misericordia
llega a sus fieles de generación en generación.

Él hace proezas con su brazo:
dispersa a los soberbios de corazón,
derriba del trono a los poderosos
y enaltece a los humildes,
a los hambrientos los colma de bienes
y a los ricos despide vacíos.

Auxilia a Israel, su siervo,
acordándose de su misericordia
como lo había prometido a nuestros padres
– en favor de Abraham y su descendencia
por siempre. Gloria al… Amén. (Lc. 2, 46-55).

10. COMPLETAS

Después de un buen examen de conciencia y pedir perdón a Dios, rezar las completas (si sabes rezarla) o en su defecto rezar un salmo y luego concluir con el CÁNTICO de Simeón.

11. CÁNTICO DE SIMEÓN

Ahora Señor, según tus promesas, puedes dejar a tu siervo irse en paz, porque mis ojos han visto tu salvador, a quien ha presentado ante todos los pueblos: luz para alumbrar a las naciones y gloria de tu pueblo Israel. (Lc 2, 29-32).

12. ROSARIO DE LA MISERICORDIA 3:00 AM

ORACIÓN A LA DIVINA MISERICORDIA a las 3:00AM

Señor mío, permíteme ser canal de gracia, aparta de mí todo lo que me pueda separar de ti. Limpia mis pensamientos de todo lo que pueda perturbar mi corazón. Dame ojos sanos para evitar lo que no venga de ti, oídos finos para captar y oír sólo lo que alimenta mi espíritu, palabras dulces y puras, que me eleven a tu presencia. Que todo lo que piense, oiga, vea y hable, disponga mi Alma para morar en tu amor. Amén.

VIGÉSIMO CUARTO DÍA

1. ORACIÓN DE INICIO DEL DÍA

Me encomiendo a las tres divinas personas, Padre, Hijo y Espíritu Santo, para ejercitar mi Alma en la gracia y vivir en la pureza. Que el sacrificio, penitencia y la oración, me permitan encontrar espacio en su divina majestad y su luz me envuelva para que, en estos 33 días en gracia, pueda vivir ya con un Alma santa. Amén.

2. ORACIÓN AL ANGEL DE LA GUARDA

Guardián de mi Alma, dulce defensor mío, asísteme y socórreme en mis momentos de debilidad, si es en el día, defiende mis pasos; si es en la noche, visita mi sueño. Mantén, mi Alma despierta y preparada para el encuentro con el Padre. Amén.

3. ORACIÓN DE LAS LAUDES

4. MEDITAR SOBRE EL DON DE FORTALEZA

"Todo lo puedo en aquel que me da fuerzas" (Fil. 4, 13).

Es el don, que, por la cercanía con Dios, nos fortalece de las debilidades, pero que esa presencia se hace sentir, sobre todo, cuando a pesar de las dificultades, las turbulencias de la vida, las contrariedades que nos puedan llegar, no nos apartamos de Dios, sino que por la sintonía que tenemos con Él, y aunque no experimentemos su presencia, entendemos por la fe, que está más cerca de nosotros, que nosotros mismos.

Es el don que sirve de auxilio en las debilidades, y nos socorre cuando nos llega la tormenta en la oscuridad. Es sentir a un Dios lejano, pero que no se ausenta por la esperanza llena de la fe. Nos hace verlo actuar y verlo es- perar el momento para darnos la mano y levantarnos delabismo más profundo. ***"Dios aprieta, pero no ahorca".***

Este don, te hace fuerte, en medio del miedo y las inseguridades. Te hace caminar firme y seguro, sin temer a lo que te pueda pasar por dar testimonio de tu fe. ***"Yo les enviaré lo que el Padre prometió por eso quédense en la ciudad hasta que sean revestidos con la fuerza que viene desde el cielo"*** (Lc.24,49).

Es el don que te hace hablar con el poder del Espíritu Santo y te señala cuándo y a dónde debes ir, pero, además, te da la gracia para decir lo que debes decir sin miedo. Es el don que te lleva al silencio profundo con Dios, a la oración, para encontrar solo en Dios, las fuerzas que necesitas en los momentos más negros de tu vida y encontrar en Él, aun en la sequedad y la aridez, que ese Dios amoroso, no te abandona y que, en ese silencio profundo de tu interior, allí Él, te espera para señalarte el camino en medio de la oscuridad más espesa del momento que vives.

Ejercicio:

Pide la compañía del Espíritu Santo, de la Santísima Virgen María, de tu Ángel de la guarda y de tu Santo de Devoción y siéntate, en profundo silencio con Jesús. Puedes leer (Jn. 3, 1-21).

Después de leer y con la asistencia divina, quédate solo con Jesús, y experimenta el mundo de la presencia del cielo en tu corazón. Ya, lleno de esa fuerza y gracia divina, pide el don de la fortaleza.

5. UNA HORA DE ADORACIÓN

ORACIÓN ANTES DE LA ADORACIÓN

Oh, Jesús mío, te adoro, te alabo, que mi alma en este momento de Adoración se esconda en tu presencia y mi corazón oculte y guarde tus dulces y tiernas miradas, como el secreto más hermoso que pueda recibir en el día de hoy. Jesús mío, creo en ti, confieso tu existencia real a través de la Eucaristía. Dame ojos para mirarte, oídos para escucharte, palabras para alabarte y un corazón para amarte. Toma lo poco que soy y lo que quiero ser, haz que sea yo en ti y tú en mí. Amén

6. SANTO ROSARIO

ORACIÓN PARA EL SANTO ROSARIO

Mi dulcísima Madre del cielo. ¡Oh mi divina majestad! envíame tu luz y tu Gracia para que en este momento que me dispongo a rezar el santo Rosario, sea yo en ti y tú en mí, que nada distraiga mis pensamientos para rezarlo con devoción y asumir en gracia los misterios del mismo. Madre Santísima, socórreme y dame tu auxilio quitándome todo lo que me puede apartar de ti. Amén.

7. EUCARISTÍA DIARIA

ORACIÓN ANTES DE TOMAR LA EUCARISTÍA

¡Oh divina Majestad! Vengo con el Alma vacía y necesitada, con hambre de ti, deseando ser llenado y alimentado con tu cuerpo y tu sangre. Nada soy y nada tengo. Tú eres todo y todo está en ti. ¡Oh grata presencia! Tú que estás en todo, ven llena esta pobre creatura de ese infinito amor que brota de ti. Amén.

8. ROSARIO DE LA MISERICORDIA 3:00 PM

ORACIÓN DE LA MISERICORDIA

Señor mío, que por las llagas de tu pasión redimiste la humanidad caída, concédeme, por la gracia del Rosario de la Misericordia, encontrar la paz de mi Alma y encomendar mi espíritu a tu puro corazón. Amén.

9. REZAR LA VÍSPERA (SI SABES COMO REZARLA) O EN SU DEFECTO MEDITAR UN SALMO CON EL MAGNÍFICAT.

CÁNTICO DE LA SANTÍSIMA VIRGEN MARÍA (Alegría del Alma en el Señor)

Proclama mi Alma la grandeza del Señor,
se alegra mi espíritu en Dios mi salvador;
porque ha mirado la humillación de su esclava.

Desde ahora me felicitarán todas las generaciones, porque
el poderoso ha hecho obras grandes por mí:
su nombre es Santo y su misericordia
llega a sus fieles de generación en generación.

Él hace proezas con su brazo:
dispersa a los soberbios de corazón,
derriba del trono a los poderosos
y enaltece a los humildes,
a los hambrientos los colma de bienes
y a los ricos despide vacíos.

Auxilia a Israel, su siervo,
acordándose de su misericordia
como lo había prometido a nuestros padres
– en favor de Abraham y su descendencia
por siempre. Gloria al… Amén. (Lc. 2, 46-55).

10. COMPLETAS

Después de un buen examen de conciencia y pedir perdón a Dios, rezar las completas (si sabes rezarla) o en su defecto rezar un salmo y luego concluir con el CÁNTICO de Simeón.

CÁNTICO DE SIMEÓN

Ahora Señor, según tus promesas, puedes dejar a tu siervo irse en paz, porque mis ojos han visto tu salvador, a quien ha presentado ante todos los pueblos: luz para alumbrar a las naciones y gloria de tu pueblo Israel. (Lc 2, 29-32).

11. ROSARIO DE LA MISERICORDIA 3:00 AM

ORACIÓN A LA DIVINA MISERICORDIA a las 3:00AM

Señor mío, permíteme ser canal de gracia, aparta de mí todo lo que me pueda separar de ti. Limpia mis pensamientos de todo lo que pueda perturbar mi corazón. Dame ojos sanos para evitar lo que no venga de ti, oídos finos para captar y oír sólo lo que alimenta mi espíritu, palabras dulces y puras, que me eleven a tu presencia. Que todo lo que piense, oiga, vea y hable, disponga mi Alma para morar en tu amor. Amén.

VIGÉSIMO QUINTO DÍA

1. ORACIÓN DE INICIO DEL DÍA

Me encomiendo a las tres divinas personas, Padre, Hijo y Espíritu Santo, para ejercitar mi Alma en la gracia y vivir en la pureza. Que el sacrificio, penitencia y la oración, me permitan encontrar espacio en su divina majestad y su luz me envuelva para que, en estos 33 días en gracia, pueda vivir ya con un Alma santa. Amén.

2. ORACIÓN AL ANGEL DE LA GUARDA

Guardián de mi Alma, dulce defensor mío, asísteme y socórreme en mis momentos de debilidad, si es en el día, defiende mis pasos; si es en la noche, visita mi sueño. Mantén, mi Alma despierta y preparada para el encuentro con el Padre. Amén.

3. ORACIÓN DE LAS LAUDES

4. MEDITAR SOBRE EL DON DE CIENCIA

Es el don que poseen los que hablan en nombre de Dios, los que se dejan guiar y dirigir con certeza espiritual. El que lo posee habla como si fuera Dios mismo que hablara, pues dice lo que tiene que decir con el mismo pensamiento de Dios. El Señor hace que el que habla en nombre de Él, entienda las cosas como Él las entiende. ***"Los conocí a todos, y no necesitaba informes de nadie, pues él cono-***

***cía al hombre por dentro*"** (Jn. 2, 24-25). Es la gracia que asiste a aquellos que se abren, y se dejan llenar y guiar por el espíritu de Dios. Conocer a Dios es amarle y ese amor recibido de Dios, nos conecta a su presencia cuando de Él necesitamos.

Este don conecta con la sabiduría y el entendimiento, pues por la sabiduría que Dios nos da en su presencia, nos hace entender más allá de lo humano, lo que no está al alcance de la razón. Es respirar a Dios en lo humano y conocerlo desde lo humano. Es conocer las realidades que se pueden ver y percibir con los sentidos y verlas desde el espíritu con la claridad sobrenatural. Es mirar con los ojos de Cristo. ***"Nosotros tenemos la mente de Cristo"*** (1Cor. 2,16).

Tú puedes ver el rostro de Dios a través de la naturaleza y descubrir sus sonrisas en su verdor, en los suaves vientos, en las aguas de los ríos y mares, etc.; pero es pidiendo a Dios que te dé esa gracia, de contemplarle y extasiarte en Él, conociendo que todo lo que te rodea, es una pura y bella expresión de Él.

El don de ciencia te hace ver y conocer que el mundo visible transparenta al mundo invisible y que ese mundo invisible, respira y se deleita en el mundo visible. Este don nos hace ver las cosas de este mundo con el conocimiento de ***"Ser nada, basura, comparado con lo que nos espera en Cristo Jesús"*** (Fil.3,8).

Ejercicio:

Pide la compañía del Espíritu Santo, de la Santísima Virgen María, de tu Ángel de la guarda y de tu Santo de Devoción, toma tu Biblia y si puedes, sube a un monte, solo, apartado del bullicio, donde puedas recrear tu vista, que puedas contemplar una gran extensión, y después de pedir la asistencia de quienes te acompañan, y quedar sumido, exhorto, en medio de la naturaleza, lee despacio: (Gen.1,1-31). Después de leerlo, pide a Dios Padre, el Don de Ciencia.

5. UNA HORA DE ADORACIÓN

ORACIÓN ANTES DE LA ADORACIÓN

Oh, Jesús mío, te adoro, te alabo, que mi alma en este momento de Adoración se esconda en tu presencia y mi corazón oculte y guarde tus dulces y tiernas miradas, como el secreto más hermoso que pueda recibir en el día de hoy. Jesús mío, creo en ti, confieso tu existencia real a través de la Eucaristía. Dame ojos para mirarte, oídos para escucharte, palabras para alabarte y un corazón para amarte. Toma lo poco que soy y lo que quiero ser, haz que sea yo en ti y tú en mí. Amén

6. SANTO ROSARIO

ORACIÓN PARA EL SANTO ROSARIO

Mi dulcísima Madre del cielo. ¡Oh mi divina ma-

jestad! envíame tu luz y tu Gracia para que en este momento que me dispongo a rezar el santo Rosario, sea yo en ti y tú en mí, que nada distraiga mis pensamientos para rezarlo con devoción y asumir en gracia los misterios del mismo. Madre Santísima, socórreme y dame tu auxilio quitándome todo lo que me puede apartar de ti. Amén.

7. EUCARISTÍA DIARIA

ORACIÓN ANTES DE TOMAR LA EUCARISTÍA

¡Oh divina Majestad! Vengo con el Alma vacía y necesitada, con hambre de ti, deseando ser llenado y alimentado con tu cuerpo y tu sangre. Nada soy y nada tengo. Tú eres todo y todo está en ti. ¡Oh grata presencia! Tú que estás en todo, ven llena esta pobre creatura de ese infinito amor que brota de ti. Amén.

8. ROSARIO DE LA MISERICORDIA 3:00 PM

ORACIÓN DE LA MISERICORDIA

Señor mío, que por las llagas de tu pasión redimiste la humanidad caída, concédeme, por la gracia del Rosario de la Misericordia, encontrar la paz de mi Alma y encomendar mi espíritu a tu puro corazón. Amén.

9. REZAR LA VÍSPERA (SI SABES COMO REZARLA) O EN SU DEFECTO MEDITAR UN SALMO CON EL MAGNÍFICAT.

CÁNTICO DE LA SANTÍSIMA VIRGEN MARÍA
(Alegría del Alma en el Señor)

Proclama mi Alma la grandeza del Señor,
se alegra mi espíritu en Dios mi salvador;
porque ha mirado la humillación de su esclava.

Desde ahora me felicitarán todas las generaciones, porque
el poderoso ha hecho obras grandes por mí:
su nombre es Santo y su misericordia
llega a sus fieles de generación en generación.

Él hace proezas con su brazo:
dispersa a los soberbios de corazón,
derriba del trono a los poderosos
y enaltece a los humildes,
a los hambrientos los colma de bienes
y a los ricos despide vacíos.

Auxilia a Israel, su siervo,
acordándose de su misericordia
como lo había prometido a nuestros padres
– en favor de Abraham y su descendencia
por siempre. Gloria al... Amén. (Lc. 2, 46-55).

10. COMPLETAS

Después de un buen examen de conciencia y pedir perdón a Dios, rezar las completas (si sabes rezarla) o en su defecto rezar un salmo y luego concluir con el CÁNTICO de Simeón.

CÁNTICO DE SIMEÓN

Ahora Señor, según tus promesas, puedes dejar a tu siervo irse en paz, porque mis ojos han visto tu salvador, a quien ha presentado ante todos los pueblos: luz para alumbrar a las naciones y gloria de tu pueblo Israel. (Lc 2, 29-32).

11. ROSARIO DE LA MISERICORDIA 3:00 AM

ORACIÓN A LA DIVINA MISERICORDIA a las 3:00AM

Señor mío, permíteme ser canal de gracia, aparta de mí todo lo que me pueda separar de ti. Limpia mis pensamientos de todo lo que pueda perturbar mi corazón. Dame ojos sanos para evitar lo que no venga de ti, oídos finos para captar y oír sólo lo que alimenta mi espíritu, palabras dulces y puras, que me eleven a tu presencia. Que todo lo que piense, oiga, vea y hable, disponga mi Alma para morar en tu amor. Amén.

VIGÉSIMO SEXTO DÍA

1. ORACIÓN DE INICIO DEL DÍA

Me encomiendo a las tres divinas personas, Padre, Hijo y Espíritu Santo, para ejercitar mi Alma en la gracia y vivir en la pureza. Que el sacrificio, penitencia y la oración, me permitan encontrar espacio en su divina majestad y su luz me envuelva para que, en estos 33 días en gracia, pueda vivir ya con un Alma santa. Amén.

2. ORACIÓN AL ANGEL DE LA GUARDA

Guardián de mi Alma, dulce defensor mío, asísteme y socórreme en mis momentos de debilidad, si es en el día, defiende mis pasos; si es en la noche, visita mi sueño. Mantén, mi Alma despierta y preparada para el encuentro con el Padre. Amén.

3. ORACIÓN DE LAS LAUDES

4. EN EL DÍA DE HOY HARÉ EL AYUNO

ORACIÓN PARA EL AYUNO

Toma Señor mis debilidades, mi incapacidad de amar y servir. Mira mis caídas y mis lamentos. Ven fortalece mi Alma y mi espíritu. Endurece mis caminos y purifica mi corazón. Señor que por este ayuno mi Alma se mantenga en vigilia y dispuesta a vivir los misterios de la cruz. Amén.

5. MEDITAR SOBRE EL DON DE PIEDAD

Es el don de la filiación divina. Nos hace reconocer la grandeza de Dios como Padre, depositando en Él todaconfianza, recibiendo de Él, la gracia de sentirnos como hijos y sentirlo a Él como Padre. Esa gracia nos hace tomar conciencia de que somos pequeños ante su grandeza y nos hace disfrutar de la inmensidad de su amor que conocemos por el Hijo y el Espíritu Santo.

Esta filiación divina de sentirnos hijos del Padre, **"*Conforme a la imagen de su hijo para que este sea el primogénito entre muchos hermanos*"** (Rom. 8,29), y así forma una gran familia, **"*Un solo Señor, una fe, un bautismo, un Dios y Padre de todos*"** (Ef.4,5-6).

Así pues, el don de piedad, por la filiación divina, nos hace entender la comunión que, como hijos, tenemos por gracia de ser hijos de Dios en el Hijo. Este por ser hijo, nos une como hermanos.

Es entonces que este don, por virtud y por gracia, nos lleva al amor del Padre, para por el Padre, mirar con amor a los hermanos. Este don, favorece la justicia y la ejerce como virtud, tomando en cuenta los demás, y viendo en ellos al mismo Cristo. Es el don de corazón generoso y dócil a la llamada del espíritu para socorrerlo en sus necesidades, sintiendo el dolor ajeno como parte propia.

Ejercicio:

Pide la compañía del Espíritu Santo, de la Santísima Virgen María, del Ángel de la Guarda y de tu Santo de Devoción. Luego, vete donde está Jesús sacramentado y toma la Biblia y busca un texto bíblico donde hable del amor, la piedad o la misericordia de Jesús.

Te facilito algunos: (Lc.18,35ss; 19,1ss; 8,43ss; Jn1,40ss; Mt.15,21ss). Ya leído un texto, deten tu meditación ante Jesús y pide el Don de Piedad.

6. VIACRUCIS

7. UNA HORA DE ADORACIÓN

ORACIÓN ANTES DE LA ADORACIÓN

Oh, Jesús mío, te adoro, te alabo, que mi alma en este momento de Adoración se esconda en tu presencia y mi corazón oculte y guarde tus dulces y tiernas miradas, como el secreto más hermoso que pueda recibir en el día de hoy. Jesús mío, creo en ti, confieso tu existencia real a través de la Eucaristía. Dame ojos para mirarte, oídos para escucharte, palabras para alabarte y un corazón para amarte. Toma lo poco que soy y lo que quiero ser, haz que sea yo en ti y tú en mí. Amén

8. SANTO ROSARIO

ORACIÓN PARA EL SANTO ROSARIO

Mi dulcísima Madre del cielo. ¡Oh mi divina majestad! envíame tu luz y tu Gracia para que en este momento que me dispongo a rezar el santo Rosario, sea yo en ti y tú en mí, que nada distraiga mis pensamientos para rezarlo con devoción y asumir en gracia los misterios del mismo. Madre Santísima, socórreme y dame tu auxilio quitándome todo lo que me puede apartar de ti. Amén.

9. EUCARISTÍA DIARIA

ORACIÓN ANTES DE TOMAR LA EUCARISTÍA

¡Oh divina Majestad! Vengo con el Alma vacía y necesitada, con hambre de ti, deseando ser llenado y alimentado con tu cuerpo y tu sangre. Nada soy y nada tengo. Tú eres todo y todo está en ti. ¡Oh grata presencia! Tú que estás en todo, ven llena esta pobre creatura de ese infinito amor que brota de ti. Amén.

10. ROSARIO DE LA MISERICORDIA 3:00 PM

ORACIÓN DE LA MISERICORDIA

Señor mío, que por las llagas de tu pasión redimiste la humanidad caída, concédeme, por la gracia del Rosario de la Misericordia, encontrar la paz de mi Alma y encomendar mi espíritu a tu puro corazón. Amén.

11. REZAR LA VÍSPERA (SI SABES COMO REZARLA) O EN SU DEFECTO MEDITAR UN SALMO CON EL MAGNÍFICAT.

CÁNTICO DE LA SANTÍSIMA VIRGEN MARÍA (Alegría del Alma en el Señor)

Proclama mi Alma la grandeza del Señor,
se alegra mi espíritu en Dios mi salvador;
porque ha mirado la humillación de su esclava.

Desde ahora me felicitarán todas las generaciones, porque
el poderoso ha hecho obras grandes por mí:
su nombre es Santo y su misericordia
llega a sus fieles de generación en generación.

Él hace proezas con su brazo:
dispersa a los soberbios de corazón,
derriba del trono a los poderosos
y enaltece a los humildes,
a los hambrientos los colma de bienes
y a los ricos despide vacíos.

Auxilia a Israel, su siervo,
acordándose de su misericordia
como lo había prometido a nuestros padres
– en favor de Abraham y su descendencia
por siempre. Gloria al… Amén. (Lc. 2, 46-55).

12. COMPLETAS

Después de un buen examen de conciencia y pedir perdón a Dios, rezar las completas (si sabes rezarla) o en su defecto rezar un salmo y luego concluir con el CÁNTICO de Simeón.

CÁNTICO DE SIMEÓN

Ahora Señor, según tus promesas, puedes dejar a tu siervo irse en paz, porque mis ojos han visto tu salvador, a quien ha presentado ante todos los pueblos: luz para alumbrar a las naciones y gloria de tu pueblo Israel. (Lc 2, 29-32).

13. ROSARIO DE LA MISERICORDIA 3:00 AM

ORACIÓN A LA DIVINA MISERICORDIA a las 3:00AM

Señor mío, permíteme ser canal de gracia, aparta de mí todo lo que me pueda separar de ti. Limpia mis pensamientos de todo lo que pueda perturbar mi corazón. Dame ojos sanos para evitar lo que no venga de ti, oídos finos para captar y oír sólo lo que alimenta mi espíritu, palabras dulces y puras, que me eleven a tu presencia. Que todo lo que piense, oiga, vea y hable, disponga mi Alma para morar en tu amor. Amén.

VIGÉSIMO SÉPTIMO DÍA

1. ORACIÓN DE INICIO DEL DÍA

Me encomiendo a las tres divinas personas, Padre, Hijo y Espíritu Santo, para ejercitar mi Alma en la gracia y vivir en la pureza. Que el sacrificio, penitencia y la oración, me permitan encontrar espacio en su divina majestad y su luz me envuelva para que, en estos 33 días en gracia, pueda vivir ya con un Alma santa. Amén.

2. ORACIÓN AL ANGEL DE LA GUARDA

Guardián de mi Alma, dulce defensor mío, asísteme y socórreme en mis momentos de debilidad, si es en el día, defiende mis pasos; si es en la noche, visita mi sueño. Mantén, mi Alma despierta y preparada para el encuentro con el Padre. Amén.

3. ORACIÓN DE LAS LAUDES

4. MEDITAR SOBRE EL DON DE TEMOR DE DIOS

Este don nos hace reconocer lo pequeño que somos ante la inmensidad de la grandeza de Dios y nuestro bien está en abandonarnos con toda humildad, respeto y confianza sólo en Él.

Es dejarnos caer en la inmensidad de su infinitoamor. No es tener miedo, ni correrle, como a un padre castigador, sino sentir sus dulces miradas que nos observan como una madre a su pequeño para evitar que caiga en el peligro. Entonces, es el amor del hijo que no quiere disgustar a su madre que todo el tiempo se preocupa por él. Ese amor de hijo agradecido teme ofender a ese padre amoroso, lleno de ternura, amor y misericordia por ese hijo.

El temor al Padre es el amor del hijo que se corresponde al amor misericordioso de ese padre, que, siendo tan inmensamente grande, levanta por amor al hijo que es inmensamente pequeño.

Tendríamos que decir entonces que el don del temor de Dios es sentir el amor de Dios como padre amando infinitamente al hijo, sin tomar en cuenta sus fragilidades. Es lo que nos hace experimentar el no poder ofender a un Dios tan bueno. Es lo que siente Santo Domingo Sabio cuando decía: ***"Primero morir que pecar".***

Sentir a Dios padre tan cercano y lleno de amor para nosotros, que nos lleva a sumirnos en la más profunda oración y prorrumpir en una comunión de alabanza, y por qué no decir, sentir tan atractiva su presencia que solo nos queda decir: ***"Oh Dios ten piedad de este pecador"*** (Lc.18,13).

Ejercicio:

Pide la compañía del Espíritu Santo, de la Santísima Virgen María, de tu Ángel de la guarda y de tu Santo de-

Devoción. Colócate frente a Jesús Sacramentado. Toma tu Biblia y lee despacio el Hijo Pródigo, (Lc.15,11-32).

Refleja allí ese amor grande del Padre en las miserias más hondas del hijo que tantas veces se va. Luego pide el don de piedad. Sumérgete en el silencio del Padre. Terminado, ve a algún lugar, entra a una de esas casas que nunca has entrado, mientras más pobres, mejor, dale de lo que no espera, confianza, trátala con amor y si puedes, llévale una ofrenda.

5. UNA HORA DE ADORACIÓN

ORACIÓN ANTES DE LA ADORACIÓN

Oh, Jesús mío, te adoro, te alabo, que mi alma en este momento de Adoración se esconda en tu presencia y mi corazón oculte y guarde tus dulces y tiernas miradas, como el secreto más hermoso que pueda recibir en el día de hoy. Jesús mío, creo en ti, confieso tu existencia real a través de la Eucaristía. Dame ojos para mirarte, oídos para escucharte, palabras para alabarte y un corazón para amarte. Toma lo poco que soy y lo que quiero ser, haz que sea yo en ti y tú en mí. Amén

6. SANTO ROSARIO

ORACIÓN PARA EL SANTO ROSARIO

Mi dulcísima Madre del cielo. ¡Oh mi divina majestad! envíame tu luz y tu Gracia para que en este momento que me dispongo a rezar el santo Rosario, sea yo en ti y tú en mí, que nada distraiga mis pensamientos para rezarlo con devoción y asumir en gracia los misterios del mismo. Madre Santísima, socórreme y dame tu auxilio quitándome todo lo que me puede apartar de ti. Amén.

7. EUCARISTÍA DIARIA

ORACIÓN ANTES DE TOMAR LA EUCARISTÍA

¡Oh divina Majestad! Vengo con el Alma vacía y necesitada, con hambre de ti, deseando ser llenado y alimentado con tu cuerpo y tu sangre. Nada soy y nada tengo. Tú eres todo y todo está en ti. ¡Oh grata presencia! Tú que estás en todo, ven llena esta pobre creatura de ese infinito amor que brota de ti. Amén.

8. ROSARIO DE LA MISERICORDIA 3:00 PM

ORACIÓN DE LA MISERICORDIA

Señor mío, que por las llagas de tu pasión redimiste la humanidad caída, concédeme, por la gracia del Rosario de la Misericordia, encontrar la paz de mi Alma y encomendar mi espíritu a tu puro corazón. Amén.

9. REZAR LA VÍSPERA (SI SABES COMO REZARLA) O EN SU DEFECTO MEDITAR UN SALMO CON EL MAGNÍFICAT.

CÁNTICO DE LA SANTÍSIMA VIRGEN MARÍA
(Alegría del Alma en el Señor)

Proclama mi Alma la grandeza del Señor,
se alegra mi espíritu en Dios mi salvador;
porque ha mirado la humillación de su esclava.

Desde ahora me felicitarán todas las generaciones, porque
el poderoso ha hecho obras grandes por mí:
su nombre es Santo y su misericordia
llega a sus fieles de generación en generación.

Él hace proezas con su brazo:
dispersa a los soberbios de corazón,
derriba del trono a los poderosos
y enaltece a los humildes,
a los hambrientos los colma de bienes
y a los ricos despide vacíos.

Auxilia a Israel, su siervo,
acordándose de su misericordia
como lo había prometido a nuestros padres
– en favor de Abraham y su descendencia
por siempre. Gloria al… Amén. (Lc. 2, 46-55).

10. COMPLETAS

Después de un buen examen de conciencia y pedir perdón a Dios, rezar las completas (si sabes rezarla) o en su defecto rezar un salmo y luego concluir con el CÁNTICO de Simeón.

11. CÁNTICO DE SIMEÓN

Ahora Señor, según tus promesas, puedes dejar a tu siervo irse en paz, porque mis ojos han visto tu salvador, a quien ha presentado ante todos los pueblos: luz para alumbrar a las naciones y gloria de tu pueblo Israel. (Lc 2, 29-32).

12. ROSARIO DE LA MISERICORDIA 3:00 AM

ORACIÓN A LA DIVINA MISERICORDIA a las 3:00AM

Señor mío, permíteme ser canal de gracia, aparta de mí todo lo que me pueda separar de ti. Limpia mis pensamientos de todo lo que pueda perturbar mi corazón. Dame ojos sanos para evitar lo que no venga de ti, oídos finos para captar y oír sólo lo que alimenta mi espíritu, palabras dulces y puras, que me eleven a tu presencia. Que todo lo que piense, oiga, vea y hable, disponga mi Alma para morar en tu amor. Amén.

VIGÉSIMO OCTAVO DÍA

1. ORACIÓN DE INICIO DEL DÍA

Me encomiendo a las tres divinas personas, Padre, Hijo y Espíritu Santo, para ejercitar mi Alma en la gracia y vivir en la pureza. Que el sacrificio, penitencia y la oración, me permitan encontrar espacio en su divina majestad y su luz me envuelva para que, en estos 33 días en gracia, pueda vivir ya con un Alma santa. Amén.

2. ORACIÓN AL ANGEL DE LA GUARDA

Guardián de mi Alma, dulce defensor mío, asísteme y socórreme en mis momentos de debilidad, si es en el día, defiende mis pasos; si es en la noche, visita mi sueño. Mantén, mi Alma despierta y preparada para el encuentro con el Padre. Amén.

3. ORACIÓN DE LAS LAUDES

4. DÍA DEDICADO A LAS ALMAS DEL PURGATORIO

En el día de hoy te invito a reflexionar sobre las benditas almas del purgatorio. ¿Qué es el purgatorio? Puedes entenderlo como un lugar, antes de llegar al paraíso, donde las almas expían sus pecados, se purifican. Ellas no llegan aquí porque quieren o no quieren. Su forma de vivir aquí en este mundo es la base, la zapata para que el alma llegue al infierno, al purgatorio o al cielo.

Toda alma que llega al purgatorio ya va camino al cielo, pero tiene que purificar aquí, sus pecados. Depende la condición de cómo vivió y cómo murió para que el tiempo sea largo o corto o a qué nivel del purgatorio llegó, pues hay tres niveles y cada uno con infinidades de niveles.

El tercer nivel es el más terrible, el más bajo. Está pegado al infierno y las almas son perturbadas por los demonios. Aquí se le permite entrar y perturbar las almas.

Además, el fuego aquí es más aterrador. Aunque las almas son tan terriblemente perturbadas por los demonios y el fuego es aterrador, y aun estando tan lejos del paraíso, las almas no quieren volver a tierra, pues saben que, aunque duren hasta el final de los días, serán salvas.

Toda alma al morir pasó su juicio particular. Tuvo como juez a Jesucristo, como abogado defensor su Ángel de la Guarda y como abogado malvado el diablo y a la Virgen María presente. Es tan intenso el resplandor, la luz, la presencia de Dios, que el alma puede contemplar en el juicio que todo el sufrimiento es merecido con relación a todo lo que viene: El Cielo.

Son muchas las almas olvidadas en el purgatorio pues nadie ora por ellas, por eso su paso en el purgatorio es largo y necesitan que oremos por ellas. Cuando tú oras por ellas, estas se convertirán en protectores tuyos, te defenderán y te acompañarán, ayudándote a librar batallas, como también, si ayudas a que suban al cielo por tus oraciones, en el momento que caigas en el lecho de muerte, vendrán en tu ayuda para que el enemigo no perturbe tu alma.

Ejercicio:

Pide la compañía del Espíritu Santo, de la Santísima Virgen María, de tu Ángel de la guarda y de tu Santo de Devoción, y si puedes hacer este ejercicio a principio del-día, mejor. Las almas del purgatorio tienen mucha necesidad, hambre y esperanza de subir al cielo. Ellas esperan por tus oraciones. Todo este día ofrécelo por ellas, tu rosario, la eucaristía y todas tus oraciones del día. Debes conocer de ellas y atraerlas como buenas amigas. Al orar por ellas, ganas almas amigas que ofrecerán sus sacrificios y sus sufrimientos al purgarse por ti y te ayudarán para que tú también llegues al cielo.

5. UNA HORA DE ADORACIÓN

ORACIÓN ANTES DE LA ADORACIÓN

Oh, Jesús mío, te adoro, te alabo, que mi alma en este momento de Adoración se esconda en tu presencia y mi corazón oculte y guarde tus dulces y tiernas miradas, como el secreto más hermoso que pueda recibir en el día de hoy. Jesús mío, creo en ti, confieso tu existencia real a través de la Eucaristía. Dame ojos para mirarte, oídos para escucharte, palabras para alabarte y un corazón para amarte. Toma lo poco que soy y lo que quiero ser, haz que sea yo en ti y tú en mí. Amén

6. SANTO ROSARIO

ORACIÓN PARA EL SANTO ROSARIO

Mi dulcísima Madre del cielo. ¡Oh mi divina majestad! envíame tu luz y tu Gracia para que en este momento que me dispongo a rezar el santo Rosario, sea yo en ti y tú en mí, que nada distraiga mis pensamientos para rezarlo con devoción y asumir en gracia los misterios del mismo. Madre Santísima, socórreme y dame tu auxilio quitándome todo lo que me puede apartar de ti. Amén.

7. EUCARISTÍA DIARIA

ORACIÓN ANTES DE TOMAR LA EUCARISTÍA

¡Oh divina Majestad! Vengo con el Alma vacía y necesitada, con hambre de ti, deseando ser llenado y alimentado con tu cuerpo y tu sangre. Nada soy y nada tengo. Tú eres todo y todo está en ti. ¡Oh grata presencia! Tú que estás en todo, ven llena esta pobre creatura de ese infinito amor que brota de ti. Amén.

8. ROSARIO DE LA MISERICORDIA 3:00 PM

ORACIÓN DE LA MISERICORDIA

Señor mío, que por las llagas de tu pasión redimiste la humanidad caída, concédeme, por la gracia del Rosario de la Misericordia, encontrar la paz de mi Alma y encomendar mi espíritu a tu puro corazón. Amén.

9. REZAR LA VÍSPERA (SI SABES COMO REZARLA) O EN SU DEFECTO MEDITAR UN SALMO CON EL MAGNÍFICAT.

CÁNTICO DE LA SANTÍSIMA VIRGEN MARÍA (Alegría del Alma en el Señor)

Proclama mi Alma la grandeza del Señor,
se alegra mi espíritu en Dios mi salvador;
porque ha mirado la humillación de su esclava.

Desde ahora me felicitarán todas las generaciones, porque
el poderoso ha hecho obras grandes por mí:
su nombre es Santo y su misericordia
llega a sus fieles de generación en generación.

Él hace proezas con su brazo:
dispersa a los soberbios de corazón,
derriba del trono a los poderosos
y enaltece a los humildes,
a los hambrientos los colma de bienes
y a los ricos despide vacíos.

Auxilia a Israel, su siervo,
acordándose de su misericordia
como lo había prometido a nuestros padres
– en favor de Abraham y su descendencia
por siempre. Gloria al… Amén. (Lc. 2, 46-55).

10. COMPLETAS

Después de un buen examen de conciencia y pedir perdón a Dios, rezar las completas (si sabes rezarla) o en su defecto rezar un salmo y luego concluir con el CÁNTICO de Simeón.

11. CÁNTICO DE SIMEÓN

Ahora Señor, según tus promesas, puedes dejar a tu siervo irse en paz, porque mis ojos han visto tu salvador, a quien ha presentado ante todos los pueblos: luz para alumbrar a las naciones y gloria de tu pueblo Israel. (Lc 2, 29-32).

12. ROSARIO DE LA MISERICORDIA 3:00 AM

ORACIÓN A LA DIVINA MISERICORDIA a las 3:00AM

Señor mío, permíteme ser canal de gracia, aparta de mí todo lo que me pueda separar de ti. Limpia mis pensamientos de todo lo que pueda perturbar mi corazón. Dame ojos sanos para evitar lo que no venga de ti, oídos finos para captar y oír sólo lo que alimenta mi espíritu, palabras dulces y puras, que me eleven a tu presencia. Que todo lo que piense, oiga, vea y hable, disponga mi Alma para morar en tu amor. Amén.

VIGÉSIMO NOVENO DÍA

1. ORACIÓN DE INICIO DEL DÍA

Me encomiendo a las tres divinas personas, Padre, Hijo y Espíritu Santo, para ejercitar mi Alma en la gracia y vivir en la pureza. Que el sacrificio, penitencia y la oración, me permitan encontrar espacio en su divina majestad y su luz me envuelva para que, en estos 33 días en gracia, pueda vivir ya con un Alma santa. Amén.

2. ORACIÓN AL ANGEL DE LA GUARDA

Guardián de mi Alma, dulce defensor mío, asísteme y socórreme en mis momentos de debilidad, si es en el día, defiende mis pasos; si es en la noche, visita mi sueño. Mantén, mi Alma despierta y preparada para el encuentro con el Padre. Amén.

3. ORACIÓN DE LAS LAUDES

4. DÍA DEDICADO A LA VIRGEN

Hoy quiero que lo dediques a la Santísima Virgen María. Quiero que tengas una bella experiencia de Ella. A veces creemos que está lejos o que se hace indiferente a nosotros y no es así. Ella como humana entiende tan fácilmente cualquier situación que nos pueda pasar, y como Madre de Dios hombre, es el puente más recto y seguro para presentar y llevar al cielo toda nuestra inquietud.

No sé si tu relación con Ella es de lejos o de cerca, solo quiero que te des cuenta que Ella es la expresión más tierna, dulce y cercana de la Santísima Trinidad aquí en la tierra. Es la más alta expresión del cielo para darnos a conocer el anhelo y la esperanza última de la creación, que es la salvación. En Ella podemos encontrar como creatura, el más alto y puro amor que Dios tiene a la humanidad, pues Ella, es el más alto y puro amor de las creaturas, a la Santísima Trinidad.

5. UNA HORA DE ADORACIÓN

ORACIÓN ANTES DE LA ADORACIÓN

Oh, Jesús mío, te adoro, te alabo, que mi alma en este momento de Adoración se esconda en tu presencia y mi corazón oculte y guarde tus dulces y tiernas miradas, como el secreto más hermoso que pueda recibir en el día de hoy. Jesús mío, creo en ti, confieso tu existencia real a través de la Eucaristía. Dame ojos para mirarte, oídos para escucharte, palabras para alabarte y un corazón para amarte. Toma lo poco que soy y lo que quiero ser, haz que sea yo en ti y tú en mí. Amén

6. SANTO ROSARIO

ORACIÓN PARA EL SANTO ROSARIO

Mi dulcísima Madre del cielo. ¡Oh mi divina majestad! envíame tu luz y tu Gracia para que en este momento que me dispongo a rezar el santo Rosario,

sea yo en ti y tú en mí, que nada distraiga mis pensamientos para rezarlo con devoción y asumir en gracia los misterios del mismo. Madre Santísima, socórreme y dame tu auxilio quitándome todo lo que me puede apartar de ti. Amén.

7. EUCARISTÍA DIARIA

ORACIÓN ANTES DE TOMAR LA EUCARISTÍA

¡Oh divina Majestad! Vengo con el Alma vacía y necesitada, con hambre de ti, deseando ser llenado y alimentado con tu cuerpo y tu sangre. Nada soy y nada tengo. Tú eres todo y todo está en ti. ¡Oh grata presencia! Tú que estás en todo, ven llena esta pobre creatura de ese infinito amor que brota de ti. Amén.

8. ROSARIO DE LA MISERICORDIA 3:00 PM

ORACIÓN DE LA MISERICORDIA

Señor mío, que por las llagas de tu pasión redimiste la humanidad caída, concédeme, por la gracia del Rosario de la Misericordia, encontrar la paz de mi Alma y encomendar mi espíritu a tu puro corazón. Amén.

9. REZAR LA VÍSPERA (SI SABES COMO REZARLA) O EN SU DEFECTO MEDITAR UN SALMO CON EL MAGNÍFICAT.

CÁNTICO DE LA SANTÍSIMA VIRGEN MARÍA
(Alegría del Alma en el Señor)

Proclama mi Alma la grandeza del Señor,
se alegra mi espíritu en Dios mi salvador;
porque ha mirado la humillación de su esclava.

Desde ahora me felicitarán todas las generaciones, porque
el poderoso ha hecho obras grandes por mí:
su nombre es Santo y su misericordia
llega a sus fieles de generación en generación.

Él hace proezas con su brazo:
dispersa a los soberbios de corazón,
derriba del trono a los poderosos
y enaltece a los humildes,
a los hambrientos los colma de bienes
y a los ricos despide vacíos.

Auxilia a Israel, su siervo,
acordándose de su misericordia
como lo había prometido a nuestros padres
– en favor de Abraham y su descendencia
por siempre. Gloria al… Amén. (Lc. 2, 46-55).

10. COMPLETAS

Después de un buen examen de conciencia y pedir perdón a Dios, rezar las completas (si sabes rezarla) o en su defecto rezar un salmo y luego concluir con el CÁNTICO de Simeón.

CÁNTICO DE SIMEÓN

Ahora Señor, según tus promesas, puedes dejar a tu siervo irse en paz, porque mis ojos han visto tu salvador, a quien ha presentado ante todos los pueblos: luz para alumbrar a las naciones y gloria de tu pueblo Israel. (Lc 2, 29-32).

11. ROSARIO DE LA MISERICORDIA 3:00 AM

ORACIÓN A LA DIVINA MISERICORDIA a las 3:00AM

Señor mío, permíteme ser canal de gracia, aparta de mí todo lo que me pueda separar de ti. Limpia mis pensamientos de todo lo que pueda perturbar mi corazón. Dame ojos sanos para evitar lo que no venga de ti, oídos finos para captar y oír sólo lo que alimenta mi espíritu, palabras dulces y puras, que me eleven a tu presencia. Que todo lo que piense, oiga, vea y hable, disponga mi Alma para morar en tu amor. Amén.

TRIGÉSIMO DÍA

1. ORACIÓN DE INICIO DEL DÍA

Me encomiendo a las tres divinas personas, Padre, Hijo y Espíritu Santo, para ejercitar mi Alma en la gracia y vivir en la pureza. Que el sacrificio, penitencia y la oración, me permitan encontrar espacio en su divina majestad y su luz me envuelva para que, en estos 33 días en gracia, pueda vivir ya con un Alma santa. Amén.

2. ORACIÓN AL ANGEL DE LA GUARDA

Guardián de mi Alma, dulce defensor mío, asísteme y socórreme en mis momentos de debilidad, si es en el día, defiende mis pasos; si es en la noche, visita mi sueño. Mantén, mi Alma despierta y preparada para el encuentro con el Padre. Amén.

3. ORACIÓN DE LAS LAUDES

4. DÍA DEDICADO AL PADRE

Este día debes dedicarlo desde el silencio, a Dios Padre. ¿Te has dado cuenta que tu relación con Dios Padre es pobre? Por tanto, todo este día debes pasarlo sólo en la presencia de Dios Padre. ¿Qué tiempo dedicas a pensar en Él? ¿Qué espacios tienes para Él? Lo ves como un Padre lejano, lo mencionas poco, le pides y le oras poco. Tu relación con Él es cortita y de breves momentos. Quiero que lo conozcas y tengas más acercamiento a Él. Es de fácil acceso y de pronta respuesta cuando lo ocupas o le suplicas pidiendo una respuesta. Si quieres, trátalo e inténtalo. Además de ser Dios, es un Padre amoroso, tierno, misericordioso y muy atento. Su amor es tan grande que nunca nos señala para condenarnos cuando fallamos como hijos. A todo esto, tenemos a Jesús que nos habla del Padre y su cercanía y confianza con Él. Nos muestra el Padre y cómo a través de Él conocemos al Padre (cfr.Jn.14,7-14).

Jesús se nos presenta como un camino para conocer al Padre (Cfr Jn 16,28) y su amor al Padre es un indicador de que debemos poner nuestra confianza en el Padre y hacer su voluntad (Cfr. Jn. 14,31). **"Nadie puede venir a mí si no lo trae el Padre que me envió, y yo lo resucitaré en el día final"** (Jn 6,44). De igual manera como existe esa relación cercana entre Dios Hijo y Dios Padre, quiere el mismo Jesús que exista esa relación de confianza entre tú y Dios Padre. **"De igual manera que el Padre me conoce y yo conozco al Padre, y doy mi vida por las ovejas"** (Jn.10,15).

Ejercicio:

Si pudieras desde principios del día hacer esta reflexión, te ayudará para toda la vida, pues debes conocer el amor grande de Dios Padre para ti. Mejor que estés delante de Jesús Sacramentado y en tu tiempo de adoración; pedir la compañía y la luz del Espíritu Santo, la dulce compañía de la Santísima Virgen María, la compañía de tu Ángel de la guarda y la de tu Santo de Devoción.

En el silencio más profundo y delante de Jesús Eucaristía, pide la presencia del Padre, y si quieres para ayudarte, lee (Lc. 15, 11ss), El Hijo Pródigo. Haz de cuenta que ese hijo eres tú que por tanto tiempo te fuiste de los brazos del Padre y hoy Él espera por ti. Sentirás algo tan extraño pero hermoso. Sentirás esa voz que desde el silencio profundo de tu corazón te habla. No te alarmes ni te asustes, es solo Él, que sigilosamente se acerca. Déjate caer en Él y déjate llevar por Él.Has que todo el día sea dedicado a hablar con Él y a sentirlo a Él. No tengas otra palabra o frase en tus labios que no sea sobre Él. Que sientas que todo lo que respiras, lo que puedas oler, ver, sentir, sea sobre Él. Eso le dará un giro a tu vida diaria y te permitirá sólo estar en Él.

ORACIÓN

Padre, de dónde vengo y adónde voy, no lo sé. Tú sabes todo, soy pequeño y tú eres grande, no soy nada y tú eres todo. Estoy lejos y tú siempre cerca. Soy oscuridad y tú eres luz. De mí no sé nada y tú lo sabes todo. Solo tómame, poséeme, lléname todo de ti y quita todo de mí. Amén.

5. UNA HORA DE ADORACIÓN

ORACIÓN ANTES DE LA ADORACIÓN

Oh, Jesús mío, te adoro, te alabo, que mi alma en este momento de Adoración se esconda en tu presencia y mi corazón oculte y guarde tus dulces y tiernas mira-

das, como el secreto más hermoso que pueda recibir en el día de hoy. Jesús mío, creo en ti, confieso tu existencia real a través de la Eucaristía. Dame ojos para mirarte, oídos para escucharte, palabras para alabarte y un corazón para amarte. Toma lo poco que soy y lo que quiero ser, haz que sea yo en ti y tú en mí. Amén

6. SANTO ROSARIO

ORACIÓN PARA EL SANTO ROSARIO

Mi dulcísima Madre del cielo. ¡Oh mi divina majestad! envíame tu luz y tu Gracia para que en este momento que me dispongo a rezar el santo Rosario, sea yo en ti y tú en mí, que nada distraiga mis pensamientos para rezarlo con devoción y asumir en gracia los misterios del mismo. Madre Santísima, socórreme y dame tu auxilio quitándome todo lo que me puede apartar de ti. Amén.

7. EUCARISTÍA DIARIA

ORACIÓN ANTES DE TOMAR LA EUCARISTÍA

¡Oh divina Majestad! Vengo con el Alma vacía y necesitada, con hambre de ti, deseando ser llenado y alimentado con tu cuerpo y tu sangre. Nada soy y nada tengo. Tú eres todo y todo está en ti. ¡Oh grata presencia! Tú que estás en todo, ven llena esta pobre creatura de ese infinito amor que brota de ti. Amén.

8. ROSARIO DE LA MISERICORDIA 3:00 PM

ORACIÓN DE LA MISERICORDIA

Señor mío, que por las llagas de tu pasión redimiste la humanidad caída, concédeme, por la gracia del Rosario de la Misericordia, encontrar la paz de mi Alma y encomendar mi espíritu a tu puro corazón. Amén.

9. REZAR LA VÍSPERA (SI SABES COMO REZARLA) O EN SU DEFECTO MEDITAR UN SALMO CON EL MAGNÍFICAT.

CÁNTICO DE LA SANTÍSIMA VIRGEN MARÍA (Alegría del Alma en el Señor)

Proclama mi Alma la grandeza del Señor,
se alegra mi espíritu en Dios mi salvador;
porque ha mirado la humillación de su esclava.

Desde ahora me felicitarán todas las generaciones, porque
el poderoso ha hecho obras grandes por mí:
su nombre es Santo y su misericordia
llega a sus fieles de generación en generación.

Él hace proezas con su brazo:
dispersa a los soberbios de corazón,
derriba del trono a los poderosos
y enaltece a los humildes,
a los hambrientos los colma de bienes
y a los ricos despide vacíos.

Auxilia a Israel, su siervo,
acordándose de su misericordia
como lo había prometido a nuestros padres
– en favor de Abraham y su descendencia
por siempre. Gloria al… Amén. (Lc. 2, 46-55).

11. COMPLETAS

Después de un buen examen de conciencia y pedir perdón a Dios, rezar las completas (si sabes rezarla) o en su defecto rezar un salmo y luego concluir con el CÁNTICO de Simeón.

CÁNTICO DE SIMEÓN

Ahora Señor, según tus promesas, puedes dejar a tu siervo irse en paz, porque mis ojos han visto tu salvador, a quien ha presentado ante todos los pueblos: luz para alumbrar a las naciones y gloria de tu pueblo Israel. (Lc 2, 29-32).

12. ROSARIO DE LA MISERICORDIA 3:00 AM

ORACIÓN A LA DIVINA MISERICORDIA a las 3:00AM

Señor mío, permíteme ser canal de gracia, aparta de mí todo lo que me pueda separar de ti. Limpia mis pensamientos de todo lo que pueda perturbar mi corazón. Dame ojos sanos para evitar lo que no venga de ti, oídos finos para captar y oír sólo lo que alimenta mi espíritu, palabras dulces y puras, que me eleven a tu presencia. Que todo lo que piense, oiga, vea y hable, disponga mi Alma para morar en tu amor. Amén.

TRIGÉSIMO PRIMER DÍA

1. ORACIÓN DE INICIO DEL DÍA

Me encomiendo a las tres divinas personas, Padre, Hijo y Espíritu Santo, para ejercitar mi Alma en la gracia y vivir en la pureza. Que el sacrificio, penitencia y la oración, me permitan encontrar espacio en su divina majestad y su luz me envuelva para que, en estos 33 días en gracia, pueda vivir ya con un Alma santa. Amén.

2. ORACIÓN AL ANGEL DE LA GUARDA

Guardián de mi Alma, dulce defensor mío, asísteme y socórreme en mis momentos de debilidad, si es en el día, defiende mis pasos; si es en la noche, visita mi sueño. Mantén, mi Alma despierta y preparada para el encuentro con el Padre. Amén.

3. ORACIÓN DE LAS LAUDES

4. DÍA DEDICADO AL HIJO

Este día dedícalo a Jesús, pero de una manera diferente, desde la pasión. Haz de aprender, desde el dolor de la pasión de Jesús, a encarnar lo que fue ese momento difícil de Jesús cargando con la burla, el desprecio y el rechazo de la humanidad, reflejado en un leño, en la cruz. Es la cruz que te clama y te llama a dejarla subir hasta tus hombros para ayudar a calmar la sed de corazones puros, de un peregrino que a cada paso clama justicia. Este día llámalo como el día de la pasión, pues debes acompañar a Jesús en su pasión, en su dolor y experimentar la más negra soledad de la noche más terrible y oscura.

Podrás escuchar el angustiado grito de Jesús pidiendo con conmovedoras súplicas, que le ayudes a llevar su cruz y a estar con Él, en esos duros momentos cuando todos se alejan, se burlan, lo desprecian con ira y odio. Dejan caer el látigo sobre su piel ensangrentada y llena de moratones por los tantos golpes de sus verdugos que, sin compasión, actúan como los peores y más crueles enemigos que con el látigo y las miradas del mismo satanás, solo respiran odio y muerte.

¿Mi Jesús, dónde están tus amigos, dónde están los que tanto se beneficiaron de ti? Ninguno Señor está a tu lado. Sigues mirando a tu alrededor para saber si alguien está cerca y testimoniar el amor que alguna vez recibió de ti, pero no, tendrás que estar solo en ese amargo y duro momento. Puedo percibirte llorar y escuchar tu voz que débil se ahoga en tu garganta. Te sientes abandonado, pero, además, sin fuerza. No solo sangras por los tantos golpes que con tanta ira y odio caen sobre ti, sino que tu corazón sangra por el amor puro que brota de ti. Aún tus miradas llenas de ternuras se posan sobre todo el pueblo que como verdugos te llevan al patíbulo de la cruz.

¡Oh, Señor, tu abandono y tu soledad, me oprime el corazón! ¡Tu dolor me hace sangrar lo más profundo de mi alma! La burla, el odio y el desprecio que hacen sobre ti me hacen internarme a la más profunda soledad de tu alma en esas horas de agonía. Cómo quisiera arrancar de ti esa cruz, por lo menos, un momento, para que puedas tener un breve alivio. Cómo quisiera recibir uno de tus azotes para ayudarte en esa terrible agonía y adentrarme al más frío calabozo y experimentar allí el escarnio del más humillado y ofendido. ¡Oh, mi buen Jesús, ahora entiendo cuánto sufriste por mí y qué tan grande fue tu amor por mi empobrecida alma!

Ya tienes una brevísima noción de lo que pasó Jesús, por tanto, quiero que vivas en carne propia lo que fue su pasión, el trayecto hacia la cruz, hacia la muerte. Te invito a hacer, si es posible, solo(a), el vía crucis. Es preferible que sea en silencio. En una iglesia que esté cerrada, que no haya ninguna actividad para que puedas dedicar el tiempo suficiente y reflexionar sobre cada estación del vía crucis, o, además, puedes ir a un lugar donde estén las estaciones.

Trata de dedicar, igual, el tiempo prudente y encarnar los momentos de Jesús. Toma ese vía crucis, para reparar el corazón herido de Jesús, por tantas burlas a la Eucaristía, por tantos pecados cometidos sobre los sagrados corazones de Jesús y María y por las benditas almas del purgatorio.

Terminadas estas horas de la pasión, sentirás tu alma volar y unirse al corazón de Jesús enamorado por las almas que, como tú, han decidido ayudarle en su dolorosa pasión.

5. UNA HORA DE ADORACIÓN

ORACIÓN ANTES DE LA ADORACIÓN

Oh, Jesús mío, te adoro, te alabo, que mi alma en este momento de Adoración se esconda en tu presencia y mi corazón oculte y guarde tus dulces y tiernas miradas, como el secreto más hermoso que pueda recibir en el día de hoy. Jesús mío, creo en ti, confieso tu existencia real a través de la Eucaristía. Dame ojos para mirarte, oídos para escucharte, palabras para alabarte y un corazón para amarte. Toma lo poco que soy y lo que quiero ser, haz que sea yo en ti y tú en mí. Amén

6. SANTO ROSARIO

ORACIÓN PARA EL SANTO ROSARIO

Mi dulcísima Madre del cielo. ¡Oh mi divina majestad! envíame tu luz y tu Gracia para que en este momento que me dispongo a rezar el santo Rosario, sea yo en ti y tú en mí, que nada distraiga mis pensamientos para rezarlo con devoción y asumir en gracia los misterios del mismo. Madre Santísima, socórreme y dame tu auxilio quitándome todo lo que me puede apartar de ti. Amén.

7. EUCARISTÍA DIARIA

ORACIÓN ANTES DE TOMAR LA EUCARISTÍA

¡Oh divina Majestad! Vengo con el Alma vacía y necesitada, con hambre de ti, deseando ser llenado y alimentado con tu cuerpo y tu sangre. Nada soy y nada tengo. Tú eres todo y todo está en ti. ¡Oh grata presencia! Tú que estás en todo, ven llena esta pobre creatura de ese infinito amor que brota de ti. Amén.

8. ROSARIO DE LA MISERICORDIA 3:00 PM

ORACIÓN DE LA MISERICORDIA

Señor mío, que por las llagas de tu pasión redimiste la humanidad caída, concédeme, por la gracia del Rosario de la Misericordia, encontrar la paz de mi Alma y encomendar mi espíritu a tu puro corazón. Amén.

9. REZAR LA VÍSPERA (SI SABES COMO REZARLA) O EN SU DEFECTO MEDITAR UN SALMO CON EL MAGNÍFICAT.

CÁNTICO DE LA SANTÍSIMA VIRGEN MARÍA (Alegría del Alma en el Señor)

Proclama mi Alma la grandeza del Señor,
se alegra mi espíritu en Dios mi salvador;
porque ha mirado la humillación de su esclava.

Desde ahora me felicitarán todas las generaciones, porque el poderoso ha hecho obras grandes por mí:

su nombre es Santo y su misericordia
llega a sus fieles de generación en generación.

Él hace proezas con su brazo:
dispersa a los soberbios de corazón,
derriba del trono a los poderosos
y enaltece a los humildes,
a los hambrientos los colma de bienes
y a los ricos despide vacíos.

Auxilia a Israel, su siervo,
acordándose de su misericordia
como lo había prometido a nuestros padres
– en favor de Abraham y su descendencia
por siempre. Gloria al… Amén. (Lc. 2, 46-55).

10. COMPLETAS

Después de un buen examen de conciencia y pedir perdón a Dios, rezar las completas (si sabes rezarla) o en su defecto rezar un salmo y luego concluir con el CÁNTICO de Simeón.

CÁNTICO DE SIMEÓN

Ahora Señor, según tus promesas, puedes dejar a tu siervo irse en paz, porque mis ojos han visto tu salvador, a quien ha presentado ante todos los pueblos: luz para alumbrar a las naciones y gloria de tu pueblo Israel. (Lc 2, 29-32).

11. ROSARIO DE LA MISERICORDIA 3:00 AM

ORACIÓN A LA DIVINA MISERICORDIA a las 3:00AM

Señor mío, permíteme ser canal de gracia, aparta de mí todo lo que me pueda separar de ti. Limpia mis pensamientos de todo lo que pueda perturbar mi corazón. Dame ojos sanos para evitar lo que no venga de ti, oídos finos para captar y oír sólo lo que alimenta mi espíritu, palabras dulces y puras, que me eleven a tu presencia. Que todo lo que piense, oiga, vea y hable, disponga mi Alma para morar en tu amor. Amén.

TRIGÉSIMO SEGUNDO DÍA

1. ORACIÓN DE INICIO DEL DÍA

Me encomiendo a las tres divinas personas, Padre, Hijo y Espíritu Santo, para ejercitar mi Alma en la gracia y vivir en la pureza. Que el sacrificio, penitencia y la oración, me permitan encontrar espacio en su divina majestad y su luz me envuelva para que, en estos 33 días en gracia, pueda vivir ya con un Alma santa. Amén.

2. ORACIÓN AL ANGEL DE LA GUARDA

Guardián de mi Alma, dulce defensor mío, asísteme y socórreme en mis momentos de debilidad, si es en el día, defiende mis pasos; si es en la noche, visita mi sueño. Mantén, mi Alma despierta y preparada para el encuentro con el Padre. Amén.

3. ORACIÓN DE LAS LAUDES

4. DÍA DEDICADO AL ESPIRITU SANTO

Ya has llegado a una gran altura espiritual y tu alma está preparada para desde que te adentres a la oración, sentir, cómo te unes a los espacios y a las fuerzas divinas, por la presencia del Espíritu Santo.

Después de dedicar un espacio de tiempo para relacionarte con el Amor del Padre y con el Amor del Hijo, has de sacar también el tiempo para permitir que el Espíritu Santo, fluya en ti de manera especial. "Nadie puede decir: ¡Jesús es el Señor! sino por el influjo del Espíritu Santo" (1Cor. 12,3). Así nos hace entender el Catecismo de la Iglesia: "Para entrar en contacto con Cristo, es necesario primeramente haber sido atraído por el Espíritu Santo. Él es quien nos precede y despierta en nosotros la fe". (No 683).

Es el Espíritu Santo, la tercera persona de La Trinidad que nos mueve y dinamiza para adentrarnos al misterio de la fe y que nos hace abrir el corazón para llenarnos de la fuerza divina, ***"Nadie conoce lo íntimo de Dios"*** (1Cor. 2,11). Es el soplo de Dios que nos impulsa, como fuerza viva, a sentirnos llenos de esperanza para vivir en Cristo y que, al mismo tiempo, nos "desvela" a Cristo.

Todo este tiempo que llevas reflexionando, y en camino hacia la vida perfecta, no es más que ir preparando el sendero al Espíritu Santo para que Él, te ayude como auxilio, a descubrir el gran misterio de la oración y te permita gustar de los misterios escondidos a la razón, pero que, a la vez, nos presentan el rostro escondido de Dios.

Ejercicio:

Pide la compañía del Espíritu Santo, de la Santísima Virgen María, de tu Ángel de la guarda y de tu Santo de Devoción y frente a Jesús Eucaristía, pide al Padre y al Hijo que derramen sobre ti, esa fuerza viva que es el Espíritu Santo. Este momento debe ser muy especial, debes despojar todo de ti y sumérgete en el más profundo silencio. Es como si quedara sumergido en el vacío, desprovisto de todo, sintiéndote nada y dejándote caer en una presencia misteriosa, pero que va inundando todo de ti.

Haz consciente cada área de tu cuerpo, cada parte, cada articulación. Cada espacio donde puede llegar tu pensamiento y solo repite: Ven Espíritu Santo, ven. Repite esta frase muchas veces y te sentirás transportado, fuera de ti mismo, pero, además, tu cuerpo será como un espacio donde el Espíritu Santo llega para quedarse y hacer de ti una nueva morada. ***"Pero la hora viene y ahora es, cuando los verdaderos adoradores adorarán al Padre en espíritu y en verdad porque ciertamente a los tales el Padre busca que le adoren. Dios es Espíritu y los que le adoran deben adorarle en Espíritu y en verdad"*** (Jn.4, 23-24).

5. UNA HORA DE ADORACIÓN

ORACIÓN ANTES DE LA ADORACIÓN

Oh, Jesús mío, te adoro, te alabo, que mi alma en este momento de Adoración se esconda en tu presencia y mi corazón oculte y guarde tus dulces y tiernas miradas, como el secreto más hermoso que pueda recibir en el día de hoy. Jesús mío, creo en ti, confieso tu existencia real a través de la Eucaristía. Dame ojos para mirarte, oídos para escucharte, palabras para alabarte y un corazón para amarte. Toma lo poco que soy y lo que quiero ser, haz que sea yo en ti y tú en mí. Amén

6. SANTO ROSARIO

ORACIÓN PARA EL SANTO ROSARIO

Mi dulcísima Madre del cielo. ¡Oh mi divina majestad! envíame tu luz y tu Gracia para que en este momento que me dispongo a rezar el santo Rosario, sea yo en ti y tú en mí, que nada distraiga mis pensamientos para rezarlo con devoción y asumir en gracia los misterios del mismo. Madre Santísima, socórreme y dame tu auxilio quitándome todo lo que me puede apartar de ti. Amén.

7. EUCARISTÍA DIARIA

ORACIÓN ANTES DE TOMAR LA EUCARISTÍA

¡Oh divina Majestad! Vengo con el Alma vacía y necesitada, con hambre de ti, deseando ser llenado y alimentado con tu cuerpo y tu sangre. Nada soy y nada tengo. Tú eres todo y todo está en ti. ¡Oh grata presencia! Tú que estás en todo, ven llena esta pobre creatura de ese infinito amor que brota de ti. Amén.

8. ROSARIO DE LA MISERICORDIA 3:00 PM

ORACIÓN DE LA MISERICORDIA

Señor mío, que por las llagas de tu pasión redimiste la humanidad caída, concédeme, por la gracia del Rosario de la Misericordia, encontrar la paz de mi Alma y encomendar mi espíritu a tu puro corazón. Amén.

9. REZAR LA VÍSPERA (SI SABES COMO REZARLA) O EN SU DEFECTO MEDITAR UN SALMO CON EL MAGNÍFICAT.

CÁNTICO DE LA SANTÍSIMA VIRGEN MARÍA (Alegría del Alma en el Señor)

Proclama mi Alma la grandeza del Señor,
se alegra mi espíritu en Dios mi salvador;
porque ha mirado la humillación de su esclava.

Desde ahora me felicitarán todas las generaciones, porque
el poderoso ha hecho obras grandes por mí:
su nombre es Santo y su misericordia
llega a sus fieles de generación en generación.

Él hace proezas con su brazo:
dispersa a los soberbios de corazón,
derriba del trono a los poderosos
y enaltece a los humildes,
a los hambrientos los colma de bienes
y a los ricos despide vacíos.

Auxilia a Israel, su siervo,
acordándose de su misericordia
como lo había prometido a nuestros padres
– en favor de Abraham y su descendencia
por siempre. Gloria al… Amén. (Lc. 2, 46-55).

10. COMPLETAS

Después de un buen examen de conciencia y pedir perdón a Dios, rezar las completas (si sabes rezarla) o en su defecto rezar un salmo y luego concluir con el CÁNTICO de Simeón.

CÁNTICO DE SIMEÓN

Ahora Señor, según tus promesas, puedes dejar a tu siervo irse en paz, porque mis ojos han visto tu salvador, a quien ha presentado ante todos los pueblos: luz para alumbrar a las naciones y gloria de tu pueblo Israel. (Lc 2, 29-32).

11. ROSARIO DE LA MISERICORDIA 3:00 AM

ORACIÓN A LA DIVINA MISERICORDIA a las 3:00AM

Señor mío, permíteme ser canal de gracia, aparta de mí todo lo que me pueda separar de ti. Limpia mis pensamientos de todo lo que pueda perturbar mi corazón. Dame ojos sanos para evitar lo que no venga de ti, oídos finos para captar y oír sólo lo que alimenta mi espíritu, palabras dulces y puras, que me eleven a tu presencia. Que todo lo que piense, oiga, vea y hable, disponga mi Alma para morar en tu amor. Amén.

TRIGÉSIMO TERCER DÍA

1. ORACIÓN DE INICIO DEL DÍA

Me encomiendo a las tres divinas personas, Padre, Hijo y Espíritu Santo, para ejercitar mi Alma en la gracia y vivir en la pureza. Que el sacrificio, penitencia y la oración, me permitan encontrar espacio en su divina majestad y su luz me envuelva para que, en estos 33 días en gracia, pueda vivir ya con un Alma santa. Amén.

2. ORACIÓN AL ANGEL DE LA GUARDA

Guardián de mi Alma, dulce defensor mío, asísteme y socórreme en mis momentos de debilidad, si es en el día, defiende mis pasos; si es en la noche, visita mi sueño. Mantén, mi Alma despierta y preparada para el encuentro con el Padre. Amén.

3. ORACIÓN DE LAS LAUDES

4. REALIZAR UNA BUENA Y DELICADA CONFESIÓN

ORACIÓN ANTES DE LA CONFESIÓN

Dios mío, heme aquí con el ánimo de recibir el sacramento de La Penitencia. Bajo tu mirada voy a examinar mi conciencia. Dame tu luz para ver mis pecados y tu gracia para que me acerque con toda confianza al sacerdote que está aquí como tu representante. Ayú-

dame a conocer bien mis pecados y a encontrar en lo posible la causa del mismo. Haz que los deteste sinceramente y por la gracia de la Bienaventurada Virgen María, concédeme ser sincera(o) en mi confesión y renacer a la gracia de una manera más generosa y entusiasta. Amén.

5. ACCIÓN DE GRACIAS

Día de acción de gracias por los 33 días en gracia. Podrás hacer una evaluación de todo este tiempo dedicado a tu alma y a tu salvación.

Sin lugar a duda, tu vida de oración y tu relación con Dios, no puede ser igual. De seguro, que ahora tendrás más en cuenta el llamado que Dios te ha hecho a la salvación. Serás más cuidadoso con lo que pueda apartarte de Dios. Tu alma está preparada para enfrentar cualquier tipo de batalla con las armas y herramientas que has manejado en estos 33 días. Ya no eres el mismo.

Guardarás y protegerás tu alma, como el amo celoso de su siervo o como el padre que ama a su hijo, sin permitir que se extravíe en la oscuridad de la noche o como nos dice el salmista: ¨***Yo espero al Señor, lo espero anhelante, yo aguardo su palabra; mi vida aguarda a mi Dueño, más que el centinela la aurora***¨ (Sal. 30, 5-6).

Todo este día, contempla los 33 días que has llevado en sacrificio y oración y da gracias a Dios por todo lo que te permitió conocer y crecer. En todo tu afán del día, dale gracias porque de Él recibiste las fuerzas y pudiste cumplir, aun siendo en momentos tan débiles.

Quiero que termines estos 33 días contemplando a Jesús en cada paso de la Eucaristía. Igual, al tomarla, cierra tus ojos y descubre a Jesús, que, desde lo profundo, te habla y te da las gracias por dejarlo entrar a tu corazón y dejar encontrar en ti, una morada donde pueda encontrar consuelo.

6. UNA HORA DE ADORACIÓN

ORACIÓN ANTES DE LA ADORACIÓN

Oh, Jesús mío, te adoro, te alabo, que mi alma en este momento de Adoración se esconda en tu presencia y mi corazón oculte y guarde tus dulces y tiernas miradas, como el secreto más hermoso que pueda recibir en el día de hoy. Jesús mío, creo en ti, confieso tu existencia real a través de la Eucaristía. Dame ojos para mirarte, oídos para escucharte, palabras para alabarte y un corazón para amarte. Toma lo poco que soy y lo que quiero ser, haz que sea yo en ti y tú en mí. Amén

7. SANTO ROSARIO

ORACIÓN PARA EL SANTO ROSARIO

Mi dulcísima Madre del cielo. ¡Oh mi divina majestad! envíame tu luz y tu Gracia para que en este momento que me dispongo a rezar el santo Rosario,

sea yo en ti y tú en mí, que nada distraiga mis pensamientos para rezarlo con devoción y asumir en gracia los misterios del mismo. Madre Santísima, socórreme y dame tu auxilio quitándome todo lo que me puede apartar de ti. Amén.

8. EUCARISTÍA DIARIA

ORACIÓN ANTES DE TOMAR LA EUCARISTÍA

¡Oh divina Majestad! Vengo con el Alma vacía y necesitada, con hambre de ti, deseando ser llenado y alimentado con tu cuerpo y tu sangre. Nada soy y nada tengo. Tú eres todo y todo está en ti. ¡Oh grata presencia! Tú que estás en todo, ven llena esta pobre creatura de ese infinito amor que brota de ti. Amén.

9. ROSARIO DE LA MISERICORDIA 3:00 PM

ORACIÓN DE LA MISERICORDIA

Señor mío, que por las llagas de tu pasión redimiste la humanidad caída, concédeme, por la gracia del Rosario de la Misericordia, encontrar la paz de mi Alma y encomendar mi espíritu a tu puro corazón. Amén.

10. REZAR LA VÍSPERA (SI SABES COMO REZARLA) O EN SU DEFECTO MEDITAR UN SALMO CON EL MAGNÍFICAT.

CÁNTICO DE LA SANTÍSIMA VIRGEN MARÍA
(Alegría del Alma en el Señor)

Proclama mi Alma la grandeza del Señor,
se alegra mi espíritu en Dios mi salvador;
porque ha mirado la humillación de su esclava.

Desde ahora me felicitarán todas las generaciones, porque
el poderoso ha hecho obras grandes por mí:
su nombre es Santo y su misericordia
llega a sus fieles de generación en generación.

Él hace proezas con su brazo:
dispersa a los soberbios de corazón,
derriba del trono a los poderosos
y enaltece a los humildes,
a los hambrientos los colma de bienes
y a los ricos despide vacíos.

Auxilia a Israel, su siervo,
acordándose de su misericordia
como lo había prometido a nuestros padres
– en favor de Abraham y su descendencia
por siempre. Gloria al… Amén. (Lc. 2, 46-55).

11. COMPLETAS

Después de un buen examen de conciencia y pedir perdón a Dios, rezar las completas (si sabes rezarla) o en su defecto rezar un salmo y luego concluir con el CÁNTICO de Simeón.

CÁNTICO DE SIMEÓN

Ahora Señor, según tus promesas, puedes dejar a tu siervo irse en paz, porque mis ojos han visto tu salvador, a quien ha presentado ante todos los pueblos: luz para alumbrar a las naciones y gloria de tu pueblo Israel. (Lc 2, 29-32).

12. ROSARIO DE LA MISERICORDIA 3:00 AM

ORACIÓN A LA DIVINA MISERICORDIA a las 3:00AM

Señor mío, permíteme ser canal de gracia, aparta de mí todo lo que me pueda separar de ti. Limpia mis pensamientos de todo lo que pueda perturbar mi corazón. Dame ojos sanos para evitar lo que no venga de ti, oídos finos para captar y oír sólo lo que alimenta mi espíritu, palabras dulces y puras, que me eleven a tu presencia. Que todo lo que piense, oiga, vea y hable, disponga mi Alma para morar en tu amor. Amén.

RECOMENDACIONES

Terminados estos 33 Días en Gracia, habrás alcanzado un estado interior jamás tenido, y la paz adquirida será inigualable, por haber entrado a los campos más insondables de tu Alma, la que comenzará a morar por entendimiento, en los misterios más hermosos de Dios.

Ya tu Alma comenzará a levantar el vuelo y por los ejercicios rigurosos, en castigo de la carne y en bien del espíritu, el Alma estará penetrada por la luz inaccesible para el mundo natural.

Cada día antes de ir a dormir cierra tus ojos, examinarás todo lo acontecido durante el día, corrigiendo y pidiendo perdón a Dios por haber faltado. Pedir misericordia para adquirir la gracia santificante para el día siguiente.

Trata de mantenerte en sintonía con Dios, la gracia adquirida no la desperdicies usando tus sentidos en cosas supérfluas. Si ya quitaste tus malas miradas, tus malas palabras y disminuiste el uso del teléfono, televisor y lo que te quita a Dios, trata de no volver a lo que eras antes.

Dedícale al Señor durante el día la mayor cantidad de horas que puedas, busca siempre en lo sencillo, en los detalles, en las pequeñeces, el Amor de Jesús, ora con el corazón, haz rosarios, penitencias, ayunos y no te olvides de la plena Comunión con Dios para estar en su Gracia.

Ahora verás el mundo desde otra perspectiva, te invito a poner tu confianza en el Señor. Él nunca se irá, no te traicionará, no te dejará solo. Estará contigo en las buenas como en las malas. Acuérdate en que para Dios eres un proyecto de vida y en Él ha de estar tu corazón.

Dios y María te bendigan.

Propósitos y Experiencias en estos 33 días

REV. PADRE RAFAEL DELGADO SURIEL (Padre Chelo)

Nació el 24 de octubre del año 1959 en el Santo Cerro, La Vega, hijo de una familia humilde, encabezada por los señores Sinencio Delgado y Gertrudis Suriel (fallecidos).

Es el 9no. de 15 hermanos. Sus estudios primarios y secundarios realizados en la Escuela Padre Fantino y en el Colegio Nuestra Señora de Las Mercedes del Santo Cerro. Terminando su bachillerato, comienza la carrera de Historia en la Universidad Autónoma de Santo Domingo (UASD) y es desde aquí, por el ambiente adverso a la fe y confiando en Dios, movido por el Espíritu Santo, decide abandonarse en sus brazos en donación plena y total, ingresando al Seminario Santo Cura de Ars el 27 de agosto del año 1981, donde comienza sus estudios del Prefilosofado.

En 1982 ingresa al Seminario Mayor santo Tomás de Aquino y después de cuatro años, obtiene una Licenciatura en Filosofía, por la Pontificia Universidad Católica Madre y Maestra (PUCMM).

En el 1989, fue ordenado Diácono y el 11 de agosto de 1990, seducido por el amor de Dios y su ardiente deseo de servir a la Iglesia en rescate de las almas, es ordenado Sacerdote. En el 1991 fue asignado Vicario Parroquial de la Parroquia Nuestra Señora de Fátima, en Bonao. Entre 1991-1992, Vicario de la Parroquia Nuestra Señora del Carmen en Jarabacoa y al final de año 1992, es nombrado Párroco de la Parroquia Nuestra Señora del Pilar, de Cevicos. En el 1994 pasó a ser Párroco en la Parroquia Inmaculada Concepción, de la ciudad de Cotuí, hasta el 1998.

Del 1998 al 2000 viaja a México a la Universidad Pontificia de México y adquiere una Maestría en "Espiritualidad". Terminando en el 2000 de dicha Maestría, fue nombrado cura párroco interino en la Parroquia San Antonio de Padua de Tenares. En el 2001 es asignado como cura Párroco de la Iglesia Santa Teresita de Lisieux, en Las Carmelitas, La Vega. Y el 5 de septiembre del 2012, Párroco de la Parroquia Espíritu Santo, en Arenoso La Vega.

En el 2015 viaja a Italia y adquiere el título de Postulador por la Universidad Urbaniana de Roma, para trabajar como Vice postulador de la causa del glorioso Padre Francisco Fantino Falco.

A su regreso continúa en la Parroquia Espíritu Santo y es el 22 de julio del 2018 nombrado cura Párroco de la Parroquia Santa Rosa de Lima de Rincón, La Vega.

Actualmente es:

* ***Vice-postulador*** en la República Dominicana de la causa de beatificación del glorioso Padre Fantino.

* Fundador de la ***Congregación Religiosa "Hermanas Misioneras del Padre Fantino".***

*Fundador de la ***"Comunidad Misionera del Padre Fantino" (Misioneros Consagrados).***

* Fundador del ***Hogar del Niño Padre Fantino*** (para niños pobres, huérfanos y abandonados).

* Director y fundador de la Orquesta Católica ***"Renacer en el Espíritu".***

* Autor además de las canciones ***Jesús Mírame, Abrázame Señor, Ya Viene el Señor, Te Adoro mi dulce Jesús, confío en Ti, Ofrenda para ti, María Madre mía, Siento que me tocas, Te Seguiré, ¿Dónde estás?, Venid a Mí,***

Vivir solo para Dios, Animo Levántate, Me habló al corazón, Gloria a Dios, Llama divina, Hay un gozo grande, Jesús el Nazareno, entre otras.

* Director y fundador del canal de televisión ***"La Voz de María".*** La Voz de María Radio y la Guía Litúrgica y Catequética La Voz de María.

* Fundador del colegio ***"Mi Ángel Custodio",*** Maimón, Bonao.

* Fundador de la ***Casa de Retiro "Inmaculada Concepción",*** Santo Cerro, La Vega.

* Productor y director de varios programas de radio y televisión: ***Jesús Sana Hoy, Radio y televisión, la Palabra Hecha Vida y Expectativa.***

* Autor del libro "Padre Fantino: ***Profeta y Apóstol de la Iglesia Dominicana",*** publicado en el año 2012, y del libro: ***"33 días en Gracia"*** (Ejercicio espiritual), primera edición en el 2015, como también autor del libro ***"Detente",*** publicado el 13 Agosto 2020 y ***"El Dios de las Promesas"*** en el 2022.

* Fundador de la ***Fundación Jesús entre los Pobres (FUNJEPO)*** y de múltiples ayudas sociales en el 2018.

* Fundador del ***Centro de Evangelización Padre Fantino*** (Controba, La Vega, R.D.)

Gracias a su amor a la Iglesia y a la Virgen María, el Padre Rafael Delgado Suriel se ha dedicado a dar respuesta clara y eficaz al llamado que Dios hizo a su corazón, entregándose a los más pobres, los más necesitados, los niños, los envejecientes y anunciando el mensaje de salvación por los medios de comunicación.

Esta Segunda Edición de
33 días en Gracia
consta de 2000 ejemplares
y se terminó de imprimir
en el mes de Septiembre del año 2024
en los talleres gráficos de La Voz de María,
La Vega, República Dominicana.

Made in the USA
Middletown, DE
21 September 2024

60995019R00126